エコクラフトで編む
暮らしのかごとバッグ
荒関まゆみ

目次

透かし模様の
テーブルバスケット
P.4

レース風飾りのパンかご
P.5

細長小物入れ
P.6

くさり編みのバッグ
P.11

トランク型バッグ
P.12-13

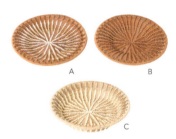

コイリングの盛りかご
P.14-15

仕切りつき小物入れ
P.20-21

ふたつきバスケット
P.22-23

とばし編みの丸底かご
P.24

角底と楕円底の基礎	P.30-31	縁始末の仕方	P.41
3本なわ編みの基礎	P.32	ワンポイントレッスン	P.52
縁かがりの基礎	P.33	持ち手の巻き方	P.56
材料・用具と扱い方	P.34	ニスについて	P.94

透かし模様の
マルチバスケット
P.7

籐持ち手風の楕円底バッグ
P.8-9

十文字模様のコイリングバッグ
P.10

とばし編みの楕円底バッグ
P.16

模様編みの収納かご
P.17

菱かがりの角底バッグ
P.18-19

角底和風バッグ
P.25

しま模様の丸底かご
P.26-27

コサージュつき浅型バッグ
P.28-29

＊P.35〜103の作り方のプロセス写真は、わかりやすくするため、実際の作品とエコクラフトの色をかえて作っています。実際の色は、「材料」と「用意する幅と本数」を参照してください。
＊作り方の「裁ち方」の図は、幅と長さの比率が実際とは異なります。
＊エコクラフトは色によって、ひもの幅に若干の差があります。
＊記載している作品のサイズは目安です。編む手加減によってサイズは変わることがあります。
＊底のサイズは、横幅×奥行き（丸底の場合は直径）で表記しています。

透かし模様のテーブルバスケット

側面は2本の編みひもを巻きつけて、透かし模様を作りました。
軽やかな雰囲気のかごは、食卓でフルーツやパンなどを入れるのにぴったりです。

作り方／35ページ
サイズ／底24cm×20cm、深さ9cm

レース風飾りのパンかご

白いレースのように編み込んだ模様がポイント。
4本のひもを1本ずつ、規則的にかがっていきます。
ベースに濃い色を合わせると、レース風飾りが引き立ちます。

作り方／38ページ
サイズ／底25cm×20cm、深さ9.5cm

大

小

細長小物入れ

編みひもを1段ずつ編み、かけひもをクロスがけして模様を作ります。
内側にも同じ模様が出るようにしました。
カトラリーケースなどにもちょうどいいサイズです。

作り方／42ページ
サイズ／大：底25cm×9cm、深さ6cm
　　　　小：底21cm×7cm、深さ5cm

透かし模様のマルチバスケット

P.4のテーブルバスケットと同じ透かし模様を、上部にさり気なく入れました。
大きめサイズで収納力もたっぷり。持ち手が倒せるので、物の出し入れもスムーズです。

作り方／50ページ
サイズ／底29cm×25.5cm、深さ20cm

A

籐持ち手風の楕円底バッグ

大小二つの輪を作って巻きひもでかがり、
籐持ち手のようなハンドルを作りました。
Aは浅型、Bは深型のシルエットにして、
形と色をかえて2種類紹介しています。

作り方／44ページ
サイズ／A：底30.5cm×12.5cm、深さ18.5cm
　　　　B：底26.5cm×13.5cm、深さ22cm

十文字模様のコイリングバッグ

縦と横に十文字に巻きつけながらコイリングしていく方法です。
底は基本の楕円底にしているので、コイリングが初めての方も作りやすいと思います。

作り方／53ページ
サイズ／底20cm×11.5cm、深さ18cm

くさり編みのバッグ

1本のひもでくさり状に編んでいく面白い編み方です。かぎ針編みのように底の中心から編み始め、続けて側面を編んでいきます。編み地がソフトに仕上がるので、小型のバッグにしました。

作り方/57ページ
サイズ/直径約16㎝、深さ14㎝

トランク型バッグ

お部屋に置いてあるだけで絵になる
トランク型のバッグは大小2サイズを紹介。
衣類やリネン類の収納など、
インテリアバスケットとして使うのもおすすめです。
やや工程が多いので、丁寧に作ってください。

作り方／60ページ
サイズ／小：底33cm×14cm、深さ23cm
　　　　大：底39cm×16cm、深さ26cm

大

小

小

大

13

コイリングの盛りかご

一般的なコイリングの手法で作った浅いかごです。
AとBはゆるやかに、Cはしっかりと立ち上げて深さを出しました。
芯ひもとコイリングひもの色をかえると、放射状の模様が際立ちます。

作り方/68ページ
サイズ／A、B：直径25cm、深さ3cm
　　　　C：直径25cm、深さ4.5cm

c

とばし編みの楕円底バッグ

スモーキーなグリーンのバッグの入れ口と持ち手に
チョコレートを効かせました。
側面はとばし編みのあとに引き返し編みを編んで、
入れ口にゆるやかなカーブをつけています。

作り方／72ページ
サイズ／底28.5cm×14.5cm、深さ20cm

模様編みの収納かご

掛け編みと波編みを混ぜたような編み方で、
ひし形の中に「×」ができる連続模様です。
チョコレートとベージュの落ち着いた配色は、
どんなお部屋にも似合いそうです。

作り方／75ページ
サイズ／底32.5cm×22.5cm、深さ16cm

A

B

菱かがりの角底バッグ

菱かがりは、2本のかがりひもで
井桁模様を作っていく編み方です。
芯ひもとかがりひもの色をかえると、
井桁模様が引き立ちます。
寒色系のさわやかな配色で2種類紹介。

作り方／78ページ
サイズ／底31cm×10.5cm、深さ19cm

仕切りつき小物入れ

文房具やリモコンなど、リビングの細々したものを
整理するのに便利な長方形のボックスです。
仕切りがしっかりとつくように、作り方を工夫しました。

作り方／82ページ
サイズ／A：底23cm×9.5cm、深さ9.5cm
　　　　B：底16cm×9.5cm、深さ9.5cm

B

ふたつきバスケット

コロンとした形が愛らしい、ふたつきのバスケット。
本体の留め具をふたの持ち手にひっかけることで、
持ち上げたときにふたにだけ重みがかからないようにしました。
ピクニックなどのお出かけや裁縫道具入れなどにも。

作り方／88ページ
サイズ／底27cm×20cm、本体の深さ13.5cm

とばし編みの丸底かご

とばし編みで編んだシンプルな丸底かごは、小物入れやくずかごなどにぴったり。
きれいな色を選ぶと、お部屋のインテリアのアクセントになります。

作り方／94ページ
サイズ／底の直径20cm、深さ20.5cm

角底和風バッグ

縦のひもを密にしてとばし編みを編むと、あじろ編みのような雰囲気の編み地になります。
普段の装いにはもちろん、浴衣にも似合いそうな和風バッグです。

作り方/85ページ
サイズ/底27cm×10.5cm、深さ20cm

大

しま模様の丸底かご

４本なわ編みでしま模様を作っています。
縦ひもを奇数にしているので、ぐるぐると編むと模様がずれて斜めのストライプに。
使わないときは、３つを入れ子にしてしまえます。

作り方／100ページ
サイズ／大：底の直径13.5cm、深さ13cm
　　　　中：底の直径10cm、深さ10.5cm
　　　　小：底の直径8cm、深さ8cm

コサージュつき浅型バッグ

お買い物や、お弁当を入れるのにも便利な、まちの広い浅型のバッグです。
編み地をシンプルにしたので、取り外しのできるコサージュをつけてみました。

作り方／97ページ
サイズ／底23㎝×19㎝、深さ16㎝

角底と楕円底の基礎

この本に共通する、角底と楕円底の作り方です。実際に使用するひもは、各作品の「用意する幅と本数」を参照してください。

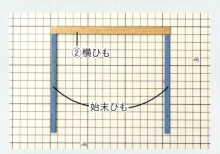

1　始末ひもを縦に並べ、②横ひも（短い方の横ひも）を上端に貼る。横ひもは始末ひもに対して直角に貼る。方眼紙や方眼マットを敷いたり、紙の角を利用するとよい。

2　①横ひも（長い方の横ひも）の幅分をあけながら、②横ひもを上から貼っていく。①横ひもを定規がわりに当てて、間隔を決めていくとよい。

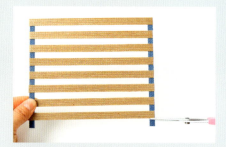

3　最後の②横ひもを貼ったときに始末ひもが余ったら、余分をカットする。

4　楕円底の場合は、四隅の角を斜めに少し切り落とす。角底の場合は、切り落とさない。

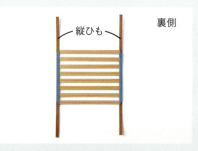

5　縦ひもを軽く半分に折って中央を決め、始末ひもと中央を合わせて両端にボンドで貼る。写真は裏側から見たところ。

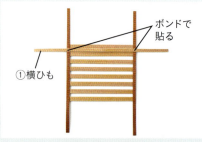

6　表側に、①横ひも（長い方）を軽く半分に折って中央を決め、②横ひも（中央に印をつけておく）の間に中央を合わせて貼っていく。

7　2本目からは、最初に貼った①横ひもとひも端をそろえて貼る。

8　残りの縦ひもを、横ひもに対して編み目が交互になるように入れる。縦ひもの長さが2種類あるときは、入れる順番に注意する。2本一緒に編み入れると作業が早い。

9　編み入れた縦ひもを左右に振り分ける。

10　必要本数の縦ひもを編み入れる。写真は最後の1本を入れているところ。ひもの間隔を均一にし、形を整える。

11　縦ひもを上下の横ひもに軽くボンドでとめる。余ったひもを刷毛がわりにしてボンドをつけるとやりやすい。
※立ち上げたときに、ひもが動かないようにするため。

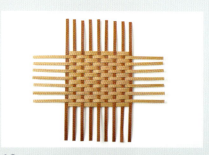

12　角底の場合はこれで完成。この面が表側（外側）になる。楕円底は13へ続く。

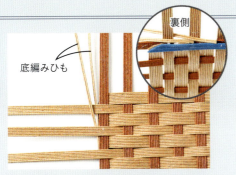

13 底編みひも2本を左側の①横ひもの1本目と2本目の下に貼る。ひもは横ひもの裏側に貼るのではなく、底の断面（厚みのところ）に貼る。

14 2本の編み目が互い違いになるように追いかけ編み（下記参照）で編んでいく。

15 指定の周数編んだら、いったん底編みひもを休ませる。
※編みひも1本で1周と数えます。

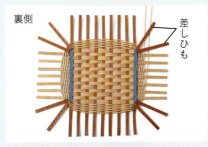

16 裏側（始末ひもが貼ってある方）に返し、差しひもを2本ずつ四隅に斜めに貼りつける。
※差しひもは、縦ひもと横ひもの間隔が均等になるように貼ります。

17 表側に戻し、休めておいた底編みひもで差しひもも一緒に追いかけ編みで編む。
※底編みひもが何本かに分かれているときは、なくなったところで次のひもとつなぎます。

18 指定の周数編んだら、左横上（追いかけ編みの編み始め）からねじり編み（下記参照）を編む。

19 ねじり編みを少し編んだところ。ねじり編みをすることで、編み目が浮くのを抑え、編み地が落ち着く。

20 ねじり編みで1周編んだら、編み始めと同じ左横上で余分な編みひもをカットしてボンドで裏側にとめる。
※ねじり編みは、編みひも2本で1周と数えます。

21 楕円底の完成。この面が表側（外側）になる。

◎追いかけ編み

2本の編みひもの編み始めの位置をずらし、2本の編み目が互い違いになるように編む。

◎ねじり編み

2本の編みひもを交互にかけていく編み方。下側にあるひもを隣のひもに、ねじれないように注意してかける。

3本なわ編みの基礎

3本の編みひもを順番に縦ひもにかけてなわ編みを編んでいきます。
バッグやかごの縁によく使われます。

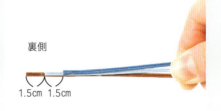

1 3本の編みひもの端を1.5cmずつずらしてボンドで重ねて貼る。

2 1の編みひもを指定の縦ひもの裏側にボンドで貼る。縦ひもの位置を1本ずつずらして、編みひもを手前に出す。

3 左のひも（マロン）をひもを出した位置から縦ひも2本とばして次の縦ひもにかける。

4 真ん中のひも（パステルブルー）をひもを出した位置から縦ひも2本とばして次の縦ひもにかける。このひもが一番上にくる。

5 右のひも（つゆ草）をひもを出した位置から縦ひも2本とばして次の縦ひもにかける。このひもが一番上にくる。

6 3本のひもを動かしたら、3で動かした最初のひも（マロン）を縦ひも2本とばして次の縦ひもにかける。

7 同様に3本のひもを順番に縦ひもにかけていく。かけるときに、ひもがねじれないように注意する。
※3本なわ編みは編んでいる途中で編みひもがからまりやすいので、編みひもが長いときは小さく束ねておき、1目編むごとにからまりをほどきながら編むようにします。

8 指定の段数（ここでは1段）編む。2で3本のひもを貼った縦ひもの1本左の縦ひもまで編む。
※3本なわ編みは3本で1段と数えます。

9 最後に縦ひもにかけたひも（パステルブルー）を縦ひも2本とばしてかごの内側に入れる。

10 次のひも（マロン）も縦ひも2本とばしてかごの内側に入れる。

11 最後のひも（つゆ草）も縦ひも2本とばしてかごの内側に入れる。

12 内側に入れた3本のひもを1.5cmずつずらしてカットし、ボンドで裏側に貼る。
※3本のひもを1.5cmずつずらして貼ることで、貼り始めと貼り終わりの裏側に厚みが出るのを防ぐます。

縁かがりの基礎

簡単にかがれてしっかりと仕上がる方法です。
ひもが長いとやりにくいので、何本かに分かれている場合があります。

1 縁かがりひもの先を3～4cm出し、縁ひもに通す。スタート位置はどこでもよいが、正面と持ち手は避ける。

2 ひもを手前に倒してクロスさせ、右隣の縁ひもの下に表側から入れる。

3 2でできた斜めに渡っているひもの下に通す。

4 ひもをクロスさせ、右隣に表側から入れる。

5 4でできたクロスの下にひもを通す。ひもは1回ごとに引き締める。

6 4と5をくり返してかがる。途中ひもをつなぐ場合は、クロスの下に隠れるところで新しいひもとボンドで貼り合わせる。

7 スタート位置まで1周かがる。

8 1周したら、かがり始めの輪が出てくるまでほどく。

9 かがり終わりのひもを右隣に表側から入れ、続けて始めの輪に下から通す。

10 左のクロスの下に通し、もう一度かがり始めの輪に、今度は上から下に入れる。

11 ひもを引き締め、縁ひもの下に表側から入れて裏側に出す。

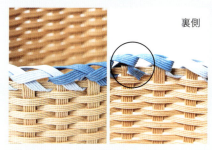

裏側

12 かがり始めと終わりのひもをしっかりと引き締め、それぞれ1cmずつ残してカットする。かがり始めと終わりにひもをつなげるようにボンドで貼り合わせる。

材料・用具と扱い方

エコクラフト®

ハマナカエコクラフト®は、牛乳パックなどから作られた手芸用の紙バンド。柔軟性があり、手軽に切ったり、割いたり、貼ったりできるのが特徴です。エコクラフトは細い「こより」が12本集まって束になっていて、この状態を「12本幅」と呼びます。各作品の「用意する幅と本数」と「裁ち方」の図を参照して、必要な幅と長さに切って使います。

また、エコクラフトには[5m巻]と[30m巻]の2種類があります。必要な長さに合わせて使い分けましょう。

エコクラフト [5m巻]

エコクラフト [30m巻]

エコクラフト実物大

※エコクラフトのことを作り方解説では「ひも」と呼んでいます。
※この本では1色の使用量が15m未満のときは[5m巻]、15m以上のときは[30m巻]で表示しています。

用具

（　）内は商品番号

- **ハマナカクラフトハサミ**（H420-001）
グリップの大きな手芸用が便利

- **ハマナカ手芸用クラフトボンド**（H464-003）
乾くと透明になり、接着力が強いものを選ぶ

- **洗濯バサミ**
編みひもを押さえたり、貼り合わせるのに10個くらい必要

- **荷造り用PPバンド**
エコクラフトを割くときに使う

- **メジャーと定規**
ひもをカットしたり、長さを測るときに

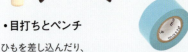

- **ぬれぶきん**
ボンドで手が汚れるので、手元に用意しておくとよい

- **目打ちとペンチ**
ひもを差し込んだり、引っ張ったりといった細かい作業にあると便利

- **マスキングテープ**
ひもを束ねたり、仮止めをするときに

- **ビニールタイ**
編みひもを束ねたり、目印をつけるときに

基本的な扱い方

エコクラフトを割く

ひも端に2cmくらい切り込みを入れてPPバンドを垂直に入れ、ひもを手前に引っ張る。

ひもを束ねる

カットしたひもは番号別に束ねておく。マスキングテープやビニールタイなどを利用すると便利。

編みひもの貼り始め

裏側

側面の編みひも（追いかけ編みやとばし編みのとき）は、ひも先2〜3cmくらいにボンドをつけ、裏側に斜めに貼る。

編みひもをつなぐ

編みひもが何本かに分かれているときは、なくなったら縦ひもの裏側で次の編みひもと貼り合わせる。

洗濯バサミで押さえる

側面を編むときは、ところどころ編みひもと縦ひもを洗濯バサミで押さえながら編む。編みひもが浮いたり、ずれたりするのを防ぐ。

編みひもは束ねる

長い編みひもは、束ねたまま編んでいく。持ち手の巻きひもも束ねたまま巻いていく。

透かし模様のテーブルバスケット | Photo 4 ページ

- ◎ 材料　ハマナカエコクラフト [30m巻] 白（102）1巻
- ◎ 用具　34ページ参照
- ◎ でき上がり寸法　写真参照
- ◎ 用意する幅と本数（裁ち方図参照）

① 横ひも	6本幅	45cm×7本
② 横ひも	8本幅	17cm×8本
③ 縦ひも	6本幅	40cm×9本
④ 始末ひも	6本幅	14cm×2本
⑤ 底編みひも	2本幅	540cm×2本
⑥ 差しひも	6本幅	13cm×8本
⑦ 編みひも	2本幅	260cm×3本
⑧ 編みひも	3本幅	185cm×8本
⑨ 縁ひも	10本幅	80cm×2本
⑩ 縁補強ひも	2本幅	78cm×1本
⑪ 持ち手ひも	6本幅	105cm×2本
⑫ 持ち手補強ひも	12本幅	12cm×1本
⑬ 巻きひも	2本幅	90cm×2本
⑭ 巻きひも	2本幅	420cm×1本

◎ 裁ち方

白 [30m巻]

■ = 余り部分

（裁ち方図）

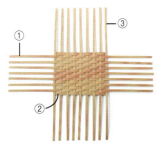

1 P.30を参照し、①、②横ひも、③縦ひも、④始末ひもで角底を作るが、四隅の角を少し切り落としておく。

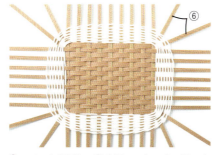

2 P.31を参照し、⑤底編みひも2本で追いかけ編みを8周編んだらひもを休め、⑥差しひもを裏側に貼る。休めておいた⑤底編みひもで続けて追いかけ編みを4周、ねじり編みを1周編んでボンドでとめる。

左横

3 裏返し、底から出ているひもをすべて内側に折り曲げて立ち上げる。以降、立ち上げたひもをすべて縦ひもとする。

4 P.32を参照して、⑦編みひも3本を左横の縦ひもの裏側にボンドで貼り、縦ひもを1本分ずつずらして出す。

5 3本なわ編みで3段編む。編み終わりはひもの余分をカットし、ボンドで裏側にとめる。

6 ⑧編みひも2本の先を7mm折ってボンドをつけ、左横中央の縦ひもの裏側に、ひもとひもの間を5mmあけて貼る。

7 aの⑧編みひもを下げ、隣の縦ひもに巻いて休める。

8 bの⑧編みひもを上げ、aとクロスさせて隣の縦ひもに巻き、次に下げて隣の縦ひもに巻いて休める。

9 休めておいたaの⑧編みひもを上げ、bとクロスさせて隣の縦ひもに巻き、次に下げて隣の縦ひもに巻いて休める。

10 休めておいたbの⑧編みひもを上げ、aとクロスさせて隣の縦ひもに巻き、次に下げて隣の縦ひもに巻いて休める。

11 同様にaとbの⑧編みひもを交互に縦ひもに巻きつけて透かし模様を作る。巻きつけるときにきつくならないように注意し、縦ひもと縦ひもの間隔が一定になるようにする。

12 1周したら、上側のひもは下げて編み始めの下側のひもに裏側で重ねてボンドでとめる。

13 下側のひもは上げて編み始めの上側のひもにくぐらせてから、裏側で重ねてボンドでとめる。

14 裏側から見たところ。

15 2段目。⑧編みひも2本を6と同様に左横中央の縦ひもの裏側に貼り、同様に編む。

16 ⑧編みひもで同様に計4段編む。

17 残った縦ひもを最終段の⑧編みひもの上端から9mm残して切りそろえる。余ったひもを9mmにカットし、定規がわりに当てるとよい。

18 切りそろえた縦ひもにボンドをつけ、⑨縁ひもを左横中央の1本右の縦ひもの表側から1周貼る。貼り終わりは縦ひもと縦ひもの間になるようにする（写真19参照）。

19 P.41「縁始末の仕方」を参照し、⑨縁ひもの裏側に⑩縁補強ひもを1周、⑨縁ひもを1周貼る。

20 持ち手を作る。⑪持ち手ひもは両端から34cmのところで内側に折る。もう1本の⑪持ち手ひもも同様に折る。

21 ⑪持ち手ひもをいったん伸ばし、かごの表側から向かい側に渡すように、⑨縁ひもの下に折り目のところまで差し込む。

※⑪持ち手ひもを差し込むと、⑨縁ひも貼り終わりのつなぎ目がちょうど隠れます。

22 ⑪持ち手ひもを持ち手の形にし、ボンドで貼り合わせて3重の持ち手にする。縦ひも3本分あけてもう1本の⑪持ち手ひもを同様に差し込んで貼る。

23 ⑪持ち手ひも2本の中央をくっつけ、⑫持ち手補強ひもを裏側に貼る。このとき、持ち手の長さを測り、⑪持ち手ひもの中央と⑫持ち手補強ひもの中央を合わせる。

24 ⑬巻きひもの端を⑪持ち手ひもの裏側にボンドでとめ、⑫持ち手補強ひものところまですき間なく巻く（P.56参照）。向かい側の片方の持ち手も⑬巻きひもで同様に巻く。

25 ⑭巻きひもの半分を束ねて洗濯バサミでとめ、⑭巻きひもと持ち手の中央を合わせ、端に向かって巻いていく。

26 続けて持ち手のもう片方の端まで巻く。

27 反対側も同様に巻く。でき上がり。

レース風飾りのパンかご　Photo 5ページ

- ◎**材料**　ハマナカエコクラフト
  - [5m巻] マロン (14) 3巻
  - [5m巻] 白 (2) 1巻
- ◎**用具**　34ページ参照
- ◎**でき上がり寸法**　写真参照
- ◎**用意する幅と本数**（裁ち方図参照）
  - 指定以外はマロン

番号	名称	幅	寸法
①	横ひも	4本幅	47cm × 7本
②	横ひも	10本幅	18cm × 8本
③	縦ひも	4本幅	42cm × 11本
④	始末ひも	4本幅	14cm × 2本
⑤	底編みひも	2本幅	330cm × 2本
			180cm × 2本
⑥	差しひも	4本幅	14cm × 8本
⑦	編みひも	3本幅	414cm × 2本
			266cm × 2本
⑧	芯ひも	12本幅	86cm × 1本
⑨	かがりひも	2本幅	150cm × 4本　白
⑩	縁ひも	10本幅	85cm × 2本
⑪	縁補強ひも	2本幅	84cm × 1本
⑫	持ち手ひも	8本幅	40cm × 2本
⑬	巻きひも	2本幅	135cm × 2本

◎裁ち方

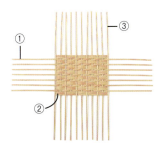

1 P.30を参照し、①、②横ひも、③縦ひも、④始末ひもで角底を作るが、四隅の角を少し切り落としておく。

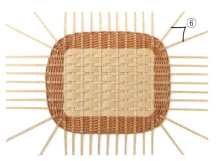

2 P.31を参照し、⑤底編みひも2本で追いかけ編みを8周編んだらひもを休め、⑥差しひもを裏側に貼る。休めておいた⑤底編みひもで続けて追いかけ編みを4周、ねじり編みを1周編んでボンドでとめる。

3 裏返し、底から出ているひもをすべて内側に折り曲げて立ち上げる。以降、立ち上げたひもをすべて縦ひもとする。

4 ⑦編みひも1本を左横中央の縦ひもの裏側にボンドで貼る。

5 右横まで半周編んだら、もう1本の⑦編みひもを右横中央の1本左の縦ひもの裏側に貼る。

6 スタート位置を半周ずらして2本の編み目が互い違いになるように追いかけ編みを編む。途中で⑦編みひもがなくなったら、つぎ足して編む。

7 追いかけ編みで16段編んだら、それぞれ編み始めの位置で終わりにする。

8 ひもの余分をカットしてボンドで裏側にとめる。写真は左横。

9 ⑧芯ひもを左横中央の縦ひもの表側にボンドで貼る。⑨かがりひも1本の端を5mm折り、⑧芯ひもの上側の縦ひもの裏側にボンドで貼る。

10 ⑨かがりひもを⑧芯ひもの上側と下側の縦ひも1本おきに交互に巻きつける。

11 ⑨かがりひもを巻きつけるときにきつくならないように注意し、縦ひもと縦ひもの間隔が一定になるようにする。

※⑧芯ひもは端だけボンドでとめてありますが、編まずに縦ひもにのせた状態です。⑨かがりひもでかがることで固定されます。

12 1周したら、⑧芯ひもが余った場合は編み始めと1cm重なるようにカットし、表側にボンドで貼る。

13 ⑨かがりひもは模様がつながるようにかがり始めのひもにくぐらせてから、裏側で重ねてボンドでとめる。

14 2本目の⑨かがりひも1本の端を5mm折り、左横中央の⑧芯ひもの下側の縦ひもの裏側にボンドで貼る。

15 1本目の⑨かがりひもとクロスさせ、上側と下側が逆になるように巻きつけながらかがる。

16 1周したら、模様がつながるようにかがり始めのひもにくぐらせてから、裏側で重ねてボンドでとめる。

17 裏側から見たところ。

18 3本目の⑨かがりひもを左横中央の1本右隣の⑧芯ひもの上側の縦ひもの裏側にボンドで貼る。1、2本目でとばした縦ひもに、同様に上側と下側に交互に巻きつける。

19 3本目で少しかがったところ。1周したら、⑨かがりひもは同様にかがり始めのひもにくぐらせてから裏側で重ねてボンドでとめる。

20 4本目の⑨かがりひもを左横中央の1本右隣の⑧芯ひもの下側の縦ひもの裏側にボンドで貼る。

21 3本目の⑨かがりひもとクロスさせ、上側と下側が逆になるように巻きつけながらかがる。

22 4本目の⑨かがりひもも模様がつながるようにかがり始めのひもにくぐらせてから、裏側で重ねてボンドでとめる。

23 残った縦ひもを最終段の⑨かがりひも上端から8mm残して切りそろえる。余ったひもを8mmにカットし、定規がわりに当てるとよい。

24 切りそろえた縦ひもにボンドをつけ、⑩縁ひもを左横中央の2本右の縦ひもの表側から1周貼る。P.41「縁始末の仕方」を参照し、⑩縁ひもの裏側に⑪縁補強ひもを1周、⑩縁ひもを1周貼る。

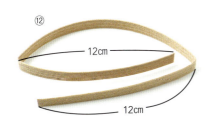

25 持ち手を作る。⑫持ち手ひもは両端から12cmのところで内側に折る。もう1本の⑫持ち手ひもも同様に折る。

26 ⑫持ち手ひもをいったん伸ばし、かごの左右の表側から⑩縁ひもの下に折り目のところまで差し込む。
※⑫持ち手ひもを差し込むと、⑩縁ひもの貼り終わりのつなぎ目がちょうど隠れます。

27 ⑫持ち手ひもを持ち手の形にし、ボンドで貼り合わせて3重の持ち手にする。

28 ⑬巻きひもの端を⑫持ち手ひもの間に入れてボンドでとめ、すき間なく巻く（P.56参照）。反対側の持ち手も同様に作る。

29 側面の⑨かがりひもに軽く霧吹きをかけ、4本のひもの間隔が均等になるように形を整える。

30 でき上がり。

縁始末の仕方

この本の作品に共通する縁始末です。縁ひもの貼り始めの位置は、各作品の作り方を参照します。

1 縦ひもにボンドをつけ、縁ひもを表側から1周貼る。このとき縁ひもの裏側に、縁補強ひもを貼るスペースがあるかを確認する。

2 貼り終わりは1cm重なるように余分をカットしてボンドで貼り合わせる。

3 縁補強ひもにボンドをつけ、縁ひもの上端に合わせて裏側に貼る。

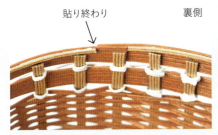

4 1周貼ったら、余分をカットする。縁補強ひもは、縁ひもが2重に重なっている部分には貼らない。

5 もう1本の縁ひもにボンドをつけ、表側の縁ひもの貼り始めから、縁補強ひもの上端に合わせて裏側に貼る。

6 貼り終わりは1cm重なるように余分をカットしてボンドで貼り合わせる。表側と裏側の縁ひもの貼り終わり位置は同じになる。

細長小物入れ | Photo 6 ページ

大

小

◎**材料** ハマナカエコクラフト
大 [5m巻] わさび (36) 2巻
小 [5m巻] モスグリーン (12) 2巻
◎**用具** 34ページ参照
◎**でき上がり寸法** 写真参照

◎**用意する幅と本数**（裁ち方図参照）

		大	小
①横ひも	4本幅	40cm× 9本	33cm× 7本
②横ひも	4本幅	25cm×10本	21cm× 8本
③縦ひも	4本幅	23cm×15本	19cm×13本
④始末ひも	4本幅	10cm× 2本	8cm× 2本
⑤差しひも	4本幅	8cm×28本	7cm×24本
⑥底縁ひも	4本幅	24cm× 2本	20cm× 2本
⑦編みひも	8本幅	73cm× 4本	62cm× 3本
⑧かけひも	2本幅	140cm× 8本	120cm× 6本
⑨縁ひも	10本幅	73cm× 2本	61cm× 2本
⑩縁補強ひも	2本幅	72cm× 1本	60cm× 1本

◎**大の裁ち方**

わさび [5m巻]

◎**小の裁ち方**

モスグリーン [5m巻]

※大で解説をしています。小は指定の長さと本数で同様に作ります。

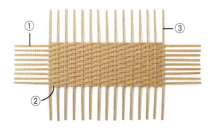

1 P.30を参照し、①、②横ひも、③縦ひも、④始末ひもで角底を作る。

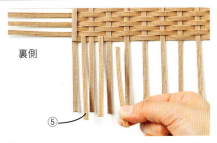

2 底を裏返し、⑤差しひもを③縦ひもと③縦ひもの間に貼っていく。⑤差しひもの先にボンドをつけ、底面の上下の②横ひもに貼る。

3 ⑤差しひもを全部貼ったところ。

4 ⑤差しひものひも端を隠すように、⑥底縁ひもを底面の上下の横縁に貼る。

5 底から出ているひもをすべて内側に折り曲げて立ち上げる。以降、立ち上げたひもをすべて縦ひもとする。

6 ⑦編みひも1本を左横中央の1本左隣の縦ひもの裏側に洗濯バサミでとめ（ボンドではとめない）、縦ひもに対して交互になるように1段編む。

7 編み終わりは、編み始めの1本右隣の縦ひもの前でひもの余分があればカットし、編み始めと重ねてボンドで貼り合わせる。

Point 7の位置でカットして貼り合わせると、編みひものつなぎ目が表側からも裏側からも見えないので、仕上がりがきれいです。

8 ⑧かけひも1本の端にボンドをつけ、左横中央の1本左隣の縦ひもの裏側にボンドで貼る。縦ひも1本おきに左上から右下に巻きつけるようにして、右方向に進む。

9 1周巻いたら、ひもの余分をカットして巻き始めのひもと裏側で重ねてボンドでとめる。

10 2本目の⑧かけひもの端にボンドをつけ、左横中央の1本右隣の縦ひもの裏側にボンドで貼る。縦ひも1本おきに右上から左下に巻きつけるようにして、クロスを作りながら左方向に進む。

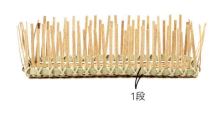

11 1周巻いたら、ひもの余分をカットして巻き始めのひもと裏側で重ねてボンドでとめる。1段編めたところ。

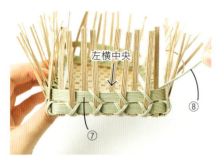

12 2段目。⑦編みひも1本と⑧かけひも2本で、6〜11と同様に編む。

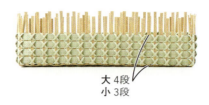

13 大は計4段、小は計3段編む。

大 4段
小 3段

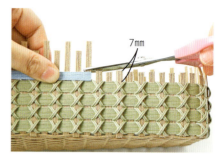

14 残った縦ひもを最終段の⑦、⑧ひもの上端から7mm残して切りそろえる。余ったひもを7mmにカットし、定規がわりに当てるとよい。

15 切りそろえた縦ひもにボンドをつけ、P.41「縁始末の仕方」を参照し、⑨縁ひもを左横中央の縦ひもの表側から1周貼る。

16 ⑨縁ひもの裏側に⑩縁補強ひもを1周、⑨縁ひもを1周貼る。

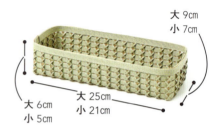

17 でき上がり。

大 9cm
小 7cm
大 25cm
小 21cm
大 6cm
小 5cm

籐持ち手風の楕円底バッグ | Photo 8-9ページ

A

B

◎材料　ハマナカエコクラフト
　A［30m巻］チョコレート（115）1巻
　　［5m巻］ベージュ（1）3巻
　B［30m巻］ザクロ（135）1巻
　　［5m巻］ベージュ（1）3巻
◎用具　34ページ参照
◎でき上がり寸法　写真参照

◎用意する幅と本数（裁ち方図参照）
　指定以外はAチョコレート、Bザクロ

			A	B	
①横ひも	6本幅	75cm×3本	78cm×3本	
②横ひも	8本幅	24cm×4本		
	10本幅		20cm×4本	
③縦ひも	6本幅	57cm×13本	65cm×11本	
④始末ひも	6本幅	7cm×2本	7cm×2本	
⑤底編みひも	2本幅	500cm×2本	460cm×2本	
⑥差しひも	6本幅	24cm×8本	28cm×8本	
⑦編みひも	4本幅	410cm×2本	450cm×2本	
⑧編みひも	2本幅	760cm×4本	835cm×4本	
⑨編みひも	4本幅	170cm×2本	250cm×2本	
⑩編みひも	3本幅	300cm×2本	290cm×2本	
⑪縁編みひも	2本幅	190cm×3本	180cm×3本	
⑫結びひも	2本幅	15cm×4本	15cm×4本	
⑬持ち手ひも	8本幅	252cm×2本	Aと同様	ベージュ
⑭持ち手ひも	8本幅	177cm×2本	Aと同様	ベージュ
⑮中芯ひも	2本幅	25cm×2本	Aと同様	ベージュ
⑯巻きひも	2本幅	430cm×4本	Aと同様	ベージュ
⑰巻きひも	2本幅	450cm×2本	Aと同様	ベージュ

◎ Aの裁ち方

チョコレート［30m巻］

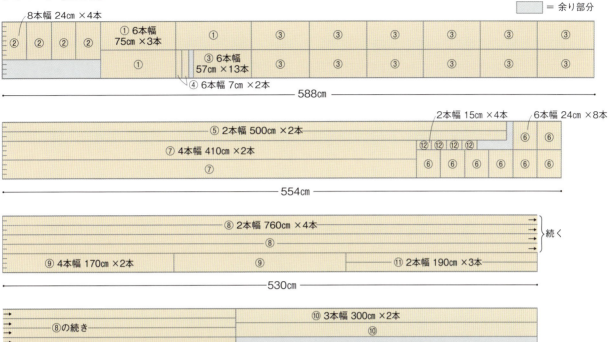

◎ Bの裁ち方

ザクロ［30m巻］

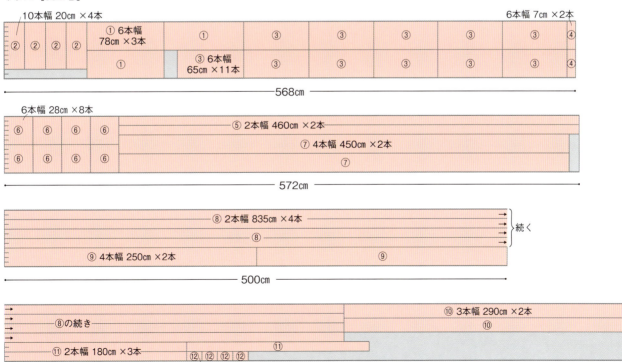

◎A・B共通の裁ち方

ベージュ［5m巻］　　　　　　　　　　　　　　　　　　　　　　　■ = 余り部分

⑬ 8本幅 252cm ×2本	⑭ 8本幅 177cm ×2本

⑯ 2本幅 430cm ×4本　　　　⑮ 2本幅 25cm ×2本

――― 455cm ―――

⑬　　⑭
⑯
――― 430cm ―――

⑰ 2本幅 450cm ×2本
――― 450cm ―――

※Bで解説をしています。Aは指定の長さと本数で同様に作ります。

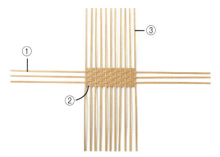

1 P.30を参照し、①、②横ひも、③縦ひも、④始末ひもで角底を作るが、四隅の角を少し切り落としておく。

2 P.31を参照して⑤底編みひも2本で追いかけ編みを8周編んだらひもを休め、⑥差しひもを裏側に貼る。休めておいた⑤底編みひもで続けて追いかけ編みを4周、ねじり編みを1周編んでボンドでとめる。

3 裏返し、底から出ているひもをすべて内側に折り曲げて立ち上げる。以降、立ち上げたひもをすべて縦ひもとする。

4 ⑦編みひも1本を左横中央の縦ひもの裏側にボンドで貼る。

5 右横まで半周編んだら、もう1本の⑦編みひもを右横中央の1本左隣の縦ひもの裏側に貼る。スタート位置を半周ずらして2本の編み目が互い違いになるように追いかけ編みを編む。

6 追いかけ編みでAは10段、Bは12段編んだら、それぞれ編み始めの位置で終わりにする。

7 左横の⑦編みひもの余分をカットし、⑧編みひも1本と左横中央の縦ひもの裏側でつなぐ。

8 右横まで半周編んだら、右横の⑦編みひもを別の⑧編みひも1本と右横中央の1本左隣の縦ひもの裏側でつなぐ。

9 入れ口に向かってやや広がるように追いかけ編みでAは36段、Bは42段編む。途中で⑧編みひもがなくなったら、つぎ足して編む。

10 左横の⑧編みひもの余分をカットし、⑨編みひも1本と左横中央の縦ひもの裏側でつなぐ。

11 右横まで半周編んだら、右横の⑧編みひもを別の⑨編みひも1本と右横中央の1本左隣の縦ひもの裏側でつなぐ。

12 追いかけ編みでAは4段、Bは6段編んだら、それぞれ編み始めの位置で終わりにする。

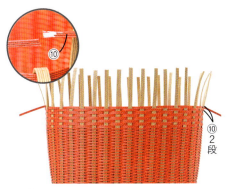

13 ⑨編みひもの余分をカットし、10・11と同様に⑩編みひもとつないでA、Bともに2段編む。それぞれ編み始めの位置で⑩編みひもを休めておく。

14 左横で休めておいた⑩編みひもを前側中央の1本手前の縦ひもまで編み進み、引き返す。右横の⑩編みひもは休めておく。

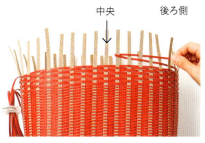

15 反対側の（後ろ側）の中央の1本手前の縦ひもまで編んだら引き返す。

16 以降、両側で1本ずつ手前で引き返し、計6段（折り返し3回）編む。編み終わりはひもの余分をカットし、ボンドで裏側にとめる。

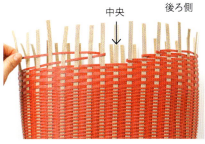

17 休めておいた右横の⑩編みひもを後ろ側中央の1本手前の縦ひもまで編んだら引き返す。

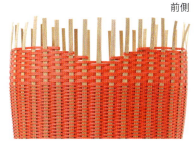

18 前側中央の1本手前の縦ひもまで編んだら引き返し、同様に縦ひもを1本ずつ手前で引き返し、計6段（折り返し3回）編む。編み終わりはひもの余分をカットし、ボンドで裏側にとめる。

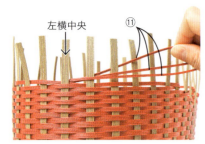

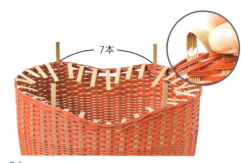

19 P.32を参照して、⑪縁編みひも3本を左横の縦ひもの裏側にボンドで貼り、縦ひもを1本分ずつずらして出す。

20 3本なわ編みで2段編む。編み終わりはひもの余分をカットし、ボンドで裏側にとめる。

21 側面の編み目を詰めてから、持ち手つけ位置（Aは端から3本目の③縦ひも、Bは端から2本目の③縦ひも）以外の残った縦ひもをすべて内側に折り、折り曲げた縦ひもの根元にボンドをつけ、側面の編み目に差し込む。

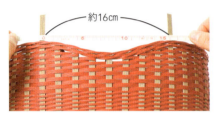

22 持ち手つけ位置の縦ひもと縦ひもの間を測って長さを確認する。16cm前後が目安。
※あとで持ち手をつけるときに、この間隔が16cm前後になっていれば持ち手がスムーズにつけられます。

23 持ち手を作る（A、B共通）。⑬持ち手ひもの端から49cmのところに印をつけ、ひも端を合わせて輪を作り、ボンドをつけながら5周貼る。⑭持ち手ひもは端から34cmのところに印をつけ、同様に5周貼る。

24 貼ったところ。以降、大きい方を大の輪、小さい方を小の輪と呼ぶ。

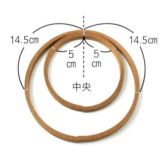

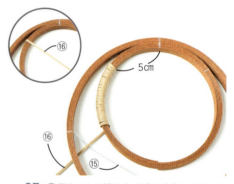

25 中央を決めて印をつけ、大の輪の内側上部に小の輪の上部を貼る（中央から左右約3cmにボンドをつけて貼る）。小の輪は中央の印から左右5cmのところに、大の輪は中央の印から左右14.5cmのところに印をつけておく。

26 ⑮中芯ひもの端を1cm折り、折った部分の表側にボンドをつけ、大の輪の中央から14.5cmのところで、大の輪の裏側にボンドで貼りつける。

27 ⑯巻きひもの端を小の輪の中央から5cmのところにボンドでとめる。小の輪に22回巻いたら、⑯巻きひもは⑮中芯ひもの上を通って大の輪の下に通す。
※⑯巻きひもは狭いすき間を通すので、小さく束ねてビニールタイなどでとめておきます。

28 大の輪の中央から14.5cmのところにひと巻きして大の輪の上に出す。

29 ⑮中芯ひもの下を通し、小の輪の上に出す。

30 小の輪に上から巻きつけたら、⑮中芯ひもの上を通って大の輪の下に通す。巻きつけるときに、⑯巻きひもを引きすぎると左右のバランスがくずれ、形が歪むので注意する。

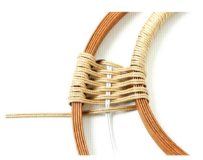

31 28〜30と同様に、「大の輪にひと巻きして、大の輪の上から⑮中芯ひもの下を通して、小の輪に上から巻き、小の輪の下、⑮中芯ひもの上、大の輪の下に通す」をくり返す。

32 途中で⑯巻きひもがなくなったら、つぎ足す。大の輪の中央の印から14.5cmのところまできたら、⑮中芯ひもを1cm残してカットし、ボンドをつけて裏側の編み目に差し込む。

33 ⑯巻きひもの残りで小の輪に22回、上に向かって巻きつける。巻き終わりは⑯巻きひもを1cm残してカットし、ボンドをつけてとめる。同じものをもう1個作る。

34 ⑫結びひもを持ち手の裏側の下側2カ所に通しておく。

35 持ち手の大の輪とバッグの持ち手つけ位置の縦ひもが合うように当てる。

36 持ち手つけ位置の縦ひもにボンドをつけ、持ち手の大の輪の裏側に貼りつける。持ち手のカーブに合わせて、縦ひものはみ出した部分はハサミでカットする。

37 34で通しておいた⑫結びひもをバッグの側面の編み目に通し、裏側で結んで固定する。

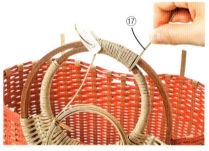

38 ⑰巻きひもの半分を束ねて洗濯バサミでとめ、⑰巻きひもと持ち手の中央を合わせ、端に向かって大の輪と小の輪を一緒に巻いていく。

39 小の輪の中央から5cmのところまできたら、続けて大の輪だけに巻いていく。

40 持ち手の裏に貼りつけた縦ひもも一緒に巻く。巻き終わりは⑰巻きひもを1cm残してカットし、ボンドをつけてとめる。

41 持ち手がついたところ。反対側も同様につける。

42 でき上がり。

透かし模様のマルチバスケット | Photo 7ページ

- ◎**材料** ハマナカエコクラフト
  [30m巻] ベージュ (101) 1巻
  [5m巻] ベージュ (1) 1巻
- ◎**用具** 34ページ参照
- ◎**でき上がり寸法** 写真参照

◎**用意する幅と本数**（裁ち方図参照）

①横ひも	6本幅	72cm×9本
②横ひも	10本幅	22cm×10本
③縦ひも	6本幅	68cm×11本
④始末ひも	6本幅	18cm×2本
⑤底編みひも	2本幅	650cm×2本
⑥差しひも	6本幅	24cm×8本
⑦編みひも	4本幅	955cm×2本
⑧編みひも	2本幅	955cm×2本
⑨編みひも	3本幅	120cm×12本
⑩縁ひも	12本幅	102cm×2本
⑪縁補強ひも	3本幅	200cm×1本
⑫リングひも	6本幅	12cm×4本
⑬持ち手ひも	10本幅	42cm×4本
⑭持ち手ループ	4本幅	20cm×8本
⑮持ち手補強ひも	8本幅	25cm×4本
⑯巻きひも	2本幅	530cm×2本

◎裁ち方

ベージュ [30m巻]

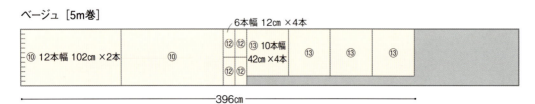

ベージュ [5m巻]

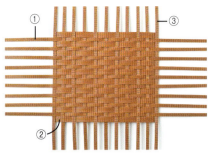

1 P.30を参照し、①、②横ひも、③縦ひも、④始末ひもで角底を作るが、四隅の角を少し切り落としておく。

2 P.31を参照し、⑤底編みひも2本で追いかけ編みを8周編んだらひもを休め、⑥差しひもを裏側に貼る。休めておいた⑤底編みひもで続けて追いかけ編みを4周、ねじり編みを1周編んでボンドでとめる。

3 裏返し、底から出ているひもをすべて内側に折り曲げて立ち上げる。以降、立ち上げたひもをすべて縦ひもとする。

4 ⑦編みひも1本を左横中央の縦ひも、⑧編みひも1本をその1本左隣の縦ひもの裏側にボンドで貼る。

5 2本の編み目が交互になるように追いかけ編みを編む。途中で⑦、⑧編みひもがなくなったら、つぎ足して編む。

6 追いかけ編みで38段(各19段)編む。編み終わりはひもの余分をカットし、ボンドで裏側にとめる。

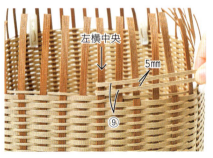

7 ⑨編みひも2本の先を7mm折ってボンドをつけ、左横中央の縦ひもの裏側に、ひもとひもの間を5mmあけて貼る。

8 P.36の6〜14と同様に、⑨編みひも2本を縦ひもに巻きつけて透かし模様を作る。

9 途中で⑨編みひもがなくなったら、裏側で新しいひもとつなぐ。

10 残りの⑨編みひもで同様に計3段編む。

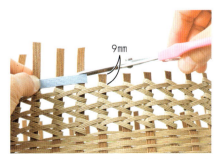

11 残った縦ひもを最終段の⑨編みひもの上端から9mm残して切りそろえる。余ったひもを9mmにカットし、定規がわりに当てるとよい。

12 切りそろえた縦ひもにボンドをつけ、⑩縁ひもを左横中央の縦ひもの表側から1周貼る。最後は1cm重なるように余分をカットし、ボンドで貼り合わせる。

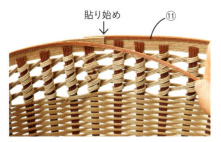

13 ⑪縁補強ひもにボンドをつけ、⑩縁ひもの上端に合わせて裏側に続けて2周貼る。

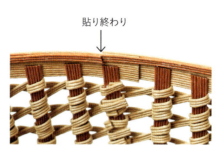

14 2周貼り終わったところ。

15 もう1本の⑩縁ひもにボンドをつけ、⑪縁補強ひもの上端に合わせて裏側に貼る。最後は1cm重ねて貼り合わせる。

16 ⑬持ち手ひも1本をかごの縁に合わせる。⑬持ち手ひもの端を前側の右から4本目の③縦ひもに合わせて洗濯バサミでとめる。

17 後ろ側の左から4本目の③縦ひものところまできたときに、⑬持ち手ひもに余分があればカットする。
※持ち手を倒したときに、かごの縁にぴったりとのるようにするため。

18 P.81の**19**〜**22**を参照し、⑬持ち手ひも、⑭持ち手ループ、⑮持ち手補強ひもで持ち手を作る。⑭持ち手ループは**17**でかごの縁に長さを合わせた⑬持ち手ひもの方に貼る。

19 持ち手を同じ長さにもう1つ作り、P.81の**23**・**24**を参照し、⑯巻きひもで巻く。

20 ⑫リングひもに持ち手のループを通し、左右から4本目と5本目の③縦ひもの間の、⑩縁ひもの下に通す。2重の輪を作りながらボンドで貼り合わせて、リングをややつぶし、⑩縁ひもとの間にボンドを入れて固定する。
※リングを縁ひもに固定するのは、持ち手がグラグラしないで使いやすくするため。

21 反対側の持ち手も同様につける。でき上がり。

ワンポイントレッスン

◎ひもを貼り間違えたとき

貼り間違えた部分にアイロンを当てる。アイロンの熱でボンドが溶けるので、熱いうちにひもをはがす。

◎側面の編み目を詰める

側面を編み終わったら、縦ひもの始末をする前に、縦ひもを上方向に引っぱって編み目を詰める。

◎縦ひもを編み目に入れる

縦ひもの端が編み目から出ないように隠れる長さにカットし、縦ひもの根元にボンドをつけて差し込む。

十文字模様のコイリングバッグ | Photo 10 ページ

- ◎ **材料** ハマナカエコクラフト [30m巻] クリーム (110) 1巻
- ◎ **用具** 34ページ参照
- ◎ **でき上がり寸法** 写真参照
- ◎ **用意する幅と本数** (裁ち方図参照)

番号	名称	幅	長さ×本数
①	横ひも	4本幅	30cm×3本
②	横ひも	8本幅	14cm×4本
③	縦ひも	4本幅	19cm×9本
④	始末ひも	4本幅	6cm×2本
⑤	底編みひも	2本幅	340cm×2本
⑥	差しひも	4本幅	6cm×8本
⑦	編みひも	4本幅	58cm×2本
⑧	芯ひも	4本幅	500cm×2本
⑨	コイリングひも	4本幅	200cm×25本
⑩	縁かがりひも	4本幅	140cm×2本
⑪	リングひも	5本幅	12cm×4本
⑫	持ち手ひも	8本幅	106cm×2本
⑬	巻きひも	2本幅	310cm×2本

◎ 裁ち方

クリーム [30m巻]

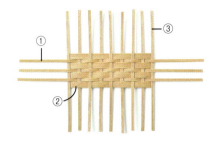

1 P.30を参照し、①、②横ひも、③縦ひも、④始末ひもで角底を作るが、四隅の角を少し切り落としておく。

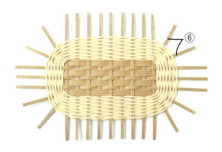

2 P.31を参照し、⑤底編みひも2本で追いかけ編みを8周編んだらひもを休め、⑥差しひもを裏側に貼る。休めておいた⑤底編みひもで続けて追いかけ編みを4周、ねじり編みを1周編んでボンドでとめる。

3 裏返し、底から出ているひもをすべて内側に折り曲げて立ち上げる。以降、立ち上げたひもをすべて縦ひもとする。

4 ⑦編みひも1本を左横中央の縦ひもの裏側にボンドで貼り、縦ひもに対して交互になるように1段編む。編み終わりは編み始めと重ねてボンドで貼り合わせる。

5 もう1本の⑦編みひもを1段目と縦ひも1本ずらしたところにボンドで貼り、同様に計2段編む。

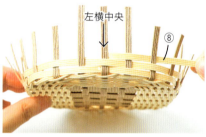

6 ⑧芯ひもを左横中央の縦ひもの裏側にボンドで貼り、1段編む。

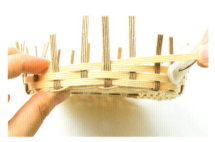

7 1段編んだら、編み始めのところで⑧芯ひもを休める。

8 側面の編み目を詰めてから、残った縦ひもを⑧芯ひもの編み目をくるむように内側、外側に交互に折る。

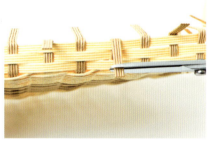

9 縦ひもを底面に合わせてカットする。

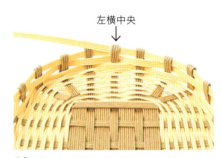

10 縦ひもの根元にボンドをつけ、編み目に差し込む。左横中央の⑦編みひもの編み始めのところは、上から貼る。

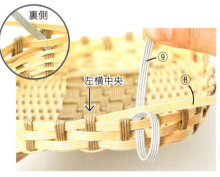

11 ⑨コイリングひもを左横中央の1本右隣の縦ひもの裏側の編み目に、ボンドをつけて斜めに差し込む。前段の⑧芯ひもに向こう側から手前に巻いて編み目に差し込む。

12 さらに⑧芯ひもを挟んで⑨コイリングひもを向こう側から手前に巻き、11と同じ編み目に差し込む。⑨コイリングひもを引きしめ、⑧芯ひもと⑧芯ひもの間から出す。

13 ⑧芯ひもと⑧芯ひもの間から、左回りに⑨コイリングひもを横に巻きつけて手前に出す。

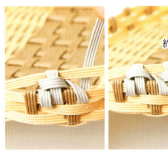

14 ⑨コイリングひもを隣の編み目に11・12と同様に差し込み、13と同様に横に巻きつけて十字を作る。⑧芯ひもと⑧芯ひもの間隔は、約1.7cmが目安。

15 同様に十字の大きさがそろうようにコイリングしていく。

16 途中で⑨コイリングひもがなくなったら、裏側で新しいひもとつなぐ。⑧芯ひももなくなったら同様につなぐ。

17 コイリング2周めに入ったところ。続けてぐるぐるとコイリングしていく。

18 16周編む。

19 編み終わりは段差がつかないように、前段との間隔を狭めて少しずつ十字の目を小さくしていく。最後の目は十字にせずに、縦にひと巻きして終わりにする。

20 ⑧芯ひもと⑨コイリングひもの余分をカットし、ボンドで裏側にとめる。

21 P.33を参照し、⑩縁かがりひもで縁かがりをする。右横からスタートし、⑧芯ひもの下に通してかがる。

22 左横の編み終わりのところは、⑧芯ひもを2本一緒に通して縁かがりをする。

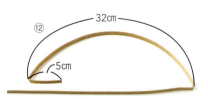

23 持ち手を作る。⑫持ち手ひもの端を内側に5cm折り、折り目から32cmのところをさらに内側に折る。

24 残りのひもを下側に沿わせ、持ち手の形にしながら左端まできたら上側に沿わせ、右端まできたら残り部分を内側に折る。

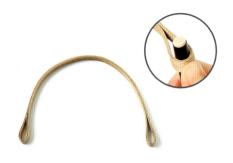

25 両端にループ分を残し、持ち手の形を作りながらボンドで貼り合わせる。3重の持ち手になる。ループはあとでひもを通すのでつぶれている場合はペンなどを使って穴を広げておく。

26 ⑬巻きひもの端を⑫持ち手ひもの間にボンドでとめ、ループ部分を残してすき間なく巻く（下記参照）。

27 もう1本の持ち手も同様に作る。

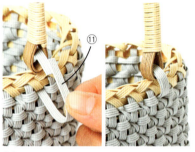
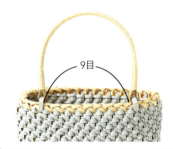

28 ⑪リングひもに持ち手のループを通し、最終段の⑧芯ひもの下に通して2重の輪を作りながらボンドで貼り合わせる。

29 片側の持ち手がついたところ。反対側の持ち手も同様につける。

30 でき上がり。

持ち手の巻き方

◎巻きひもを持ち手ひもの間に入れて巻く

1 巻きひもは束ねておく。巻きひもの端にボンドをつけ、持ち手ひもの間に入れて貼る。

2 巻きひもがねじれないように気をつけながら、持ち手の根元からすき間なく巻いていく。

3 反対側まで巻いたら、巻きひもを1cm残してカットする。

4 ひもの先にボンドをつけて目打ちで持ち手の間に入れ込む。

◎巻きひもを持ち手ひもの裏側に貼って巻く

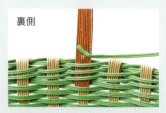
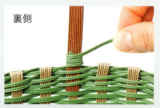

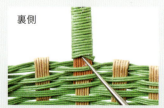

1 巻きひもは束ねておく。巻きひもの端にボンドをつけ、持ち手ひもの裏側に斜めに貼る。

2 根元から巻いていく（巻きひもの端は巻いた部分に隠れる）。

3 反対側まで巻いたら、巻きひもを1cm残してカットする。

4 ひもの先にボンドをつけて目打ちで巻いた部分に入れ込む。

くさり編みのバッグ | Photo 11 ページ

- ◎**材料**　ハマナカエコクラフト
  [30m巻] マロン (114) 1巻
  [5m巻] マロン (14) 1巻
- ◎**用具**　34ページ参照
- ◎**でき上がり寸法**　写真参照
- ◎**用意する幅と本数**（裁ち方図参照）

	幅	長さ × 本数
①編みひも	4本幅	200cm × 41本
		170cm × 1本
②縁ひも	6本幅	76cm × 2本
③かがりひも	4本幅	230cm × 1本
④リングひも	4本幅	12cm × 4本
⑤持ち手ひも	10本幅	29cm × 4本
⑥持ち手ループ	4本幅	20cm × 8本
⑦持ち手補強ひも	8本幅	15cm × 4本
⑧巻きひも	2本幅	380cm × 2本

◎裁ち方

マロン [30m巻]　　　　　　　　　　　　　　　　　　　　　　　　　　　　　　　　　□ = 余り部分

① 4本幅 200cm ×36本
― 2400cm ―

① 4本幅 200cm ×5本　　② 6本幅 76cm ×2本
③ 4本幅 230cm ×1本　　4本幅 12cm ×4本
― 552cm ―

マロン [5m巻]

10本幅 29cm ×4本　　8本幅 15cm ×4本　　4本幅 20cm ×8本
⑤　⑦　⑥　① 4本幅 170cm ×1本
⑧ 2本幅 380cm ×2本
― 496cm ―

1 ①編みひもの端から4cmのところに印をつけ、ひも端を合わせて輪を作る。ボンドをつけながら2周貼り、中心の輪を作る。

中心の輪

2 中心の輪に後ろ側から①編みひもを通し、横向きのループを作る。

横向きのループ

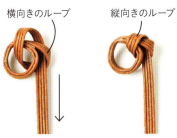

3 横向きのループに後ろ側から①編みひもを通し、引き締める。縦向きのループができる。

横向きのループ　縦向きのループ

4 3で引き締めた縦向きのループに、左側から①編みひもを通す。ひも先を斜めにカットしておくと通しやすい。

5 引き締めて小さな輪を作る。くさり編みが1目できたところ。

6 中心の輪に後ろ側から①編みひもを通し、横向きのループを作る。

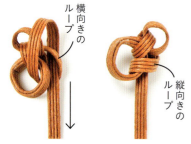

7 横向きのループに後ろ側から①編みひもを通し、引き締める。縦向きのループができる。

8 引き締めてできた縦向きのループに、4と同様に左側から①編みひもを通し、引き締めて小さな輪を作る。くさり編みが2目できたところ。

9 6〜8をくり返して中心の輪に8目編み入れる。

10 2周目。1周目の最初の目に後ろ側から①編みひもを通し、6〜8と同様にくさり編みを1目編む。

11 10と同じ目に①編みひもを後ろ側から通し、同様にもう1目くさり編みを編む。

12 くさり編みを2目編み入れたところ。前段の同じ目にくさり編みを2目編み入れることで、増し目になる。

13 同様に前段の目にくさり編みを2目ずつ編み入れ、全部で16目に増す。

14 3周目。2周目と同様に前段の目にくさり編みを2目ずつ編み入れ、全部で32目にする。写真は最初の目に2目編み入れたところ。

15 4〜6周は増し目をせずに編み、7周目で増し目をして64目にする。途中で①編みひもがなくなったら、裏側で新しいひもとつなぐ。ここまでが底になる。

※底の編み終わりに目印にビニールタイなどをつけておくとよいでしょう。

16 続けて側面を編む。くさり編みを編むときに、目を立てるようにしてゆるやかに立ち上げる。

17 側面を少し編んだところ。

18 側面は増し目をしないで13段編む。

19 最終段の編み終わりの2目は、段差がつかないように、くさり編みの輪を小さくし、最後の1目は輪を作らずに、前段の目に重ねる。ひもの余分をカットし、裏側でボンドでとめる。

20 ②縁ひも2本の先端を2cmずらして重ねてボンドで貼り合わせ、側面の縁にのせて洗濯バサミでとめる。③かがりひもを最終段のくさり編みの目に通し、ひも端を手前に5cm出す。

21 ②縁ひもを芯にして、③かがりひもを最終段の目に1目ずつ表側から通してかがる。

22 1周かがったら、②縁ひもを2本それぞれのひも端同士が突き合わせになるように、長さを調整してカットし、ボンドで貼り合わせる。

23 ③かがりひもで残りの部分をかがったら、かがり終わりのひもの余分をカットする。かがり始めのひもを裏側で重ねて余分をカットし、ボンドでとめる。

24 持ち手を作る。P.81の**19〜24**を参照し、⑤持ち手ひも、⑥持ち手ループ、⑦持ち手補強ひも、⑧巻きひもで持ち手を2本作る。

25 全体のバランスを見て正面を決め、④リングひもに持ち手のループを通し、②縁ひもの下に通して2重の輪を作りながらボンドで貼り合わせる。反対側の持ち手も同様につける。

26 最後にぬらしたタオルを編み地に押さえるように当て、編み目を落ち着かせる。

27 でき上がり。

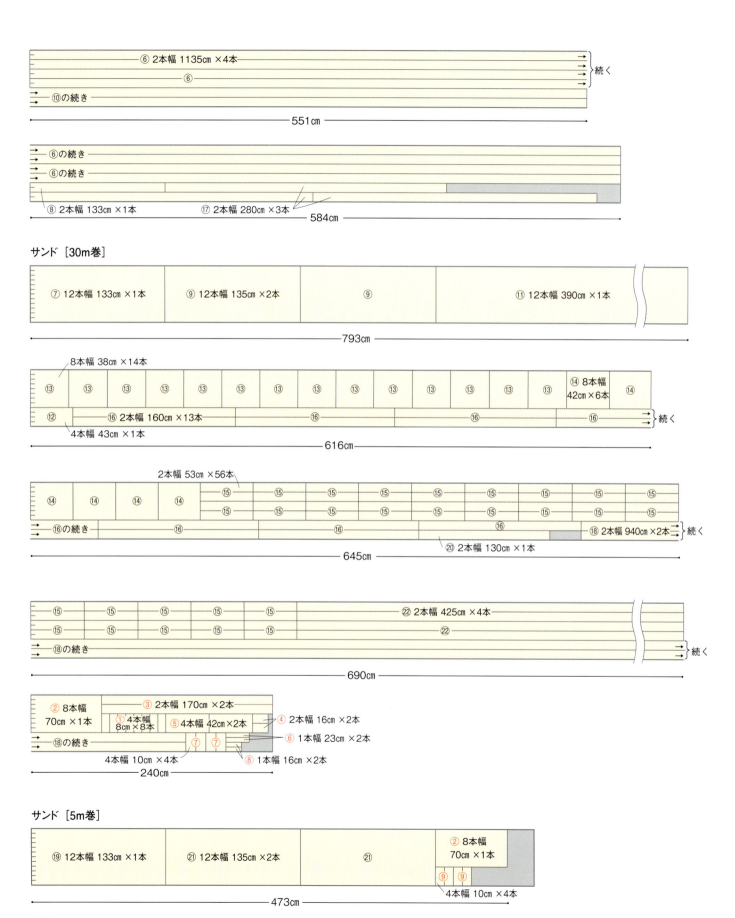

※小で解説しています。大は指定の長さと本数で同様に作ります。

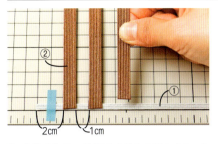

1 本体を作る。①仮止めひもの端から2cmのところから、②縦ひもを1cm間隔で貼る。
※方眼マットや方眼紙を敷いて、①仮止めひもをテープでとめると作業しやすい。

2 ②縦ひもを全部貼ったところ。

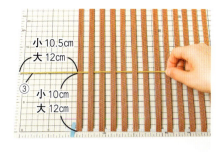

3 下端から小は10cm（大は12cm）のところに、③編みひもを1本編み入れる。小は③編みひもの両端が表目（大は左端が表目、右端が裏目）になるように通し、左右を小は10.5cm（大は12cm）出す。

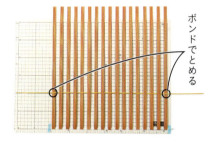

4 ③編みひもを1本通したところ。③編みひもは、両端の②縦ひものところだけボンドでとめておく。
※③編みひもの2本目以降は貼らなくて大丈夫です。

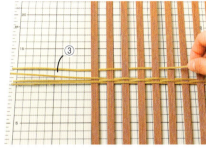

5 ③編みひもを前段と編み目が交互になるように1本ずつ通す。4本で1組となる。

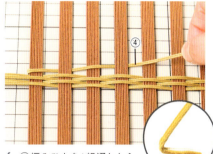

6 ③編みひもを1組通したら、④編みひもの端を1cm折って裏側にボンドをつけ、左端の②縦ひもを挟むように貼って編む。

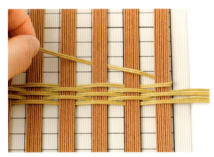

7 右端の②縦ひもまで編んだら、引き返して編む。

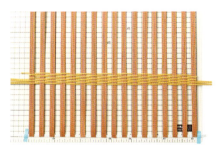

8 同様に引き返しながら、計4段（＝2往復）編む。

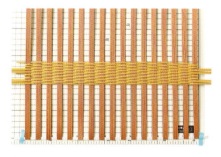

9 ③編みひもで1組、④編みひもで4段（＝2往復）をくり返す。③編みひもの左右の端は、1組目の端と長さをそろえる。

10 同様に残りの③、④編みひもを全部通す。

11 全部通したら、③編みひもが左右の端の②縦ひもにのっている部分を表側も裏側もボンドでとめ、はみ出している④編みひもをカットして貼る。

12 ①仮止めひもを切り落とす。

13 裏返し、底から出ているひもをすべて内側に折り曲げて立ち上げる。以降、立ち上げたひもをすべて縦ひもとする。

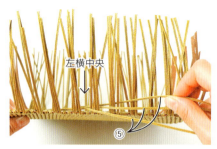

14 ⑤編みひも3本を左横の縦ひもの裏側にボンドで貼り、縦ひもを1本分ずつずらして出す。P.32を参照して3本なわ編みで2段編み、編み終わりはひもの余分をカットし、ボンドで裏側にとめる。
※③編みひもは4本で1本の縦ひもとします。

15 ⑥編みひも2本を左横の縦ひもの裏側に1本分ずらしてボンドで貼る。

小 28段　大 34段

16 2本の編み目が交互になるように追いかけ編みで小は28段（大は34段）編む。途中でひもがなくなったら、つぎ足して編む。編み終わりはひもの余分をカットし、ボンドで裏側にとめる。

Point
③編みひもは4本を1本の縦ひもとして、ひもをきれいに並べて編みます。四隅の縦ひもと縦ひもの間はあけずに角を作ります。

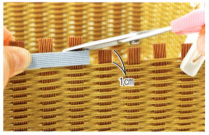

17 側面の編み目を詰めてから、残った縦ひもを最終段から1cm残して切りそろえる。余ったひもを1cmにカットし、定規がわりに当てるとよい。

18 切りそろえた縦ひもの裏側にボンドをつけ、⑦内縁ひもを左横中央の縦ひもの裏側から最終段に下端を合わせて1周貼る。最後は1cm重なるように余分をカットし、ボンドで貼り合わせる。

19 形を整え、⑧縁補強ひもにボンドをつけ、⑦内縁ひもの上端に合わせて表側に1周貼る。⑦内縁ひもの貼り始めの重なりのところは貼らない。

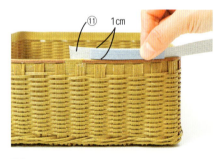

20 口回りの内側に、⑪口回り補強ひもを⑦内縁ひもより1cm上に出るように貼る。余ったひもを定規がわりに当てるとよい。

21 内側に続けて3周貼る。最後は1cm重なるように余分をカットし、ボンドで貼り合わせる。

22 ふたを作る。P.63の1を参照して、⑫仮止めひもの端から2cmのところから⑬、⑭縦ひもを1cm間隔で貼る。⑬縦ひも2本、⑭縦ひも1本の順にくり返す。

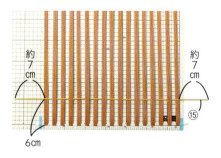

23 下端から大・小とも6cmのところに、⑮編みひもを1本編み入れる。小は⑮編みひもの両端が表目（大は左端が表目、右端が裏目）になるように通し、大・小とも左右を約7cm出す。

64

24 P.63の4〜8を参照して、⑮編みひもを4本（＝1組）、⑯編みひも4段（＝2往復）を編み入れる。

25 同様に残りの⑮、⑯編みひもを全部通す。全部通したら、⑮編みひもが左右の端の⑬編みひもにのっている部分を表側も裏側もボンドでとめ、はみ出している⑯編みひもをカットして貼る。

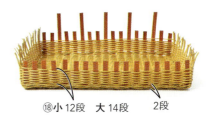

26 ⑫仮止めひもを切り落とし、裏返して立ち上げ、本体と同じ要領で、⑰編みひもで3本なわ編みを2段、⑱編みひもで追いかけ編みを小は12段（大は14段）編む。

※⑮編みひもは4本を1本の縦ひもとします。

27 ふたの口回りのサイズを測り、本体の口回りと同じサイズになっているか確認をする。

※同じサイズでない場合は、ふたの追いかけ編みを編み直して調整するとよいでしょう。

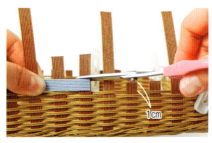

28 側面の編み目を詰めてから、⑬縦ひもと⑮編みひもの残り部分を最終段から1cm残して切りそろえる。

29 本体の口回りに⑲内縁ひもを合わせて洗濯バサミでとめ、1cm重なるように余分をカットし、ボンドで貼り合わせる。本体からははずさないでおく。

30 ⑳縁補強ひもにボンドをつけ、⑲内縁ひもの下端に合わせて表側に貼る。ふたをかぶせたときに後ろ面になるところ（後ろ面の左端から3本目の縦ひもと右端から3本目の縦ひもの間）は、貼らないでおく。

31 ふたの⑭縦ひもを本体の編み目に差し込み、ふたをかぶせる。差し込んだ⑭縦ひもはまだボンドではとめないでおく。

※ふたの編みひもがはずれやすいので、ふたの編み目に軽く霧吹きをするとよいでしょう。

32 ⑳縁補強ひもを後ろ面に⑭縦ひものところを避けて、⑲内縁ひもの下端にカットしながら貼る。

※30で貼り残した後ろ面に⑳縁補強ひもを貼ります。

33 ふたの⑬縦ひもと⑮編みひもの残り部分を⑲内縁ひもにボンドで貼る。このとき正面と後ろ面はふたと本体の縦ひもの位置をそろえながら貼る。差し込んだ⑭縦ひもと⑲内縁ひもの間にもボンドを入れてとめる。本体と⑭縦ひもはまだボンドでとめない。

Point ⑲内縁ひもに⑬縦ひも、⑮編みひもをボンドで貼るときは、少しふたを持ち上げて指で押さえてとめるとよいでしょう。また、⑮編みひもは4本をきれいに並べて貼ります。

34 本体用とふた用の表縁ひもを作る。⑨外縁ひも2本の先端を2cmずらして重ねてボンドで貼り合わせ、⑩縁巻きひもを⑨外縁ひもが2重になった裏側にボンドで貼る。

35 ⑩縁巻きひもですき間なく巻いていく。⑩縁巻きひもがなくなったら、裏側で新しいひもとつなぐ。

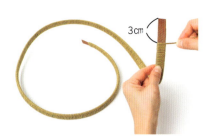

36 最後は3cmほど巻かずに残しておき、⑩縁巻きひもを洗濯バサミやテープでとめて休めておく。ふた用の表縁ひもも㉑外縁ひも、㉒縁巻きひもで34〜36と同様に作る。

37 ふたを本体からはずし、ふた用の表縁ひもをふたの左横から⑲内縁ひもの上端に合わせて貼る。⑭縦ひものところは上から貼る。

38 1周貼ったら、㉑外縁ひもを2本それぞれのひも端同士が突き合わせになるように、長さを調整してカットし、ボンドで貼り合わせる。
※㉑外縁ひもと⑲内縁ひもはまだ貼らないでおきます。

39 貼り合わせた㉑外縁ひもの残りの部分も㉒縁巻きひもで巻き、余分をカットして裏側にとめる。⑲内縁ひもとの間にもボンドを入れてとめる。余ったひもを刷毛がわりにしてボンドを入れるとよい。

40 ふたの⑭縦ひもを本体の編み目に差し込んでから、本体用の表縁ひもを本体の左横から⑦内縁ひもの上端に合わせて貼る。

41 後ろ面はふたとのすき間を3mmあけて貼る（ふたを開けやすくするため）。一周したら、38・39と同様に始末する。

Point ふたをかぶせたまま作業するので、本体の表縁ひもはやや貼りづらいかもしれません。表縁ひもにボンドをつけたら、⑦内縁ひもと一緒に余ったひもで数カ所結んで固定し、乾くまでおいておくとよいでしょう。

42 差し込んだ⑭縦ひもの裏側と⑪口回り補強ひもとの間にボンドを入れてとめる。

43 ⑭縦ひもを差し込んだ表側の編み目にも、ボンドを入れてとめる。

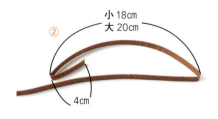

44 持ち手を作る。②持ち手ひもの端を内側に4cm折り、折り目から小は18cm（大は20cm）のところをさらに内側に折る。

45 残りのひもを下側に沿わせ、持ち手の形にしながら左端まできたら上側に沿わせ、右端まできたら残り部分を内側に折る。

46 両端にループ部分を残し、持ち手の形を作りながらボンドで貼り合わせる。3重の持ち手になる。

47 ④持ち手飾りひもの端を持ち手の表側に貼り、③持ち手巻きひもの端を②持ち手ひもの間に入れてボンドでとめる。ループ部分を残して小は2.5cm（大は3.5cm）巻いたら、④持ち手飾りひもの上と下を交互に1回ずつ巻く。

48 巻き終わりは④持ち手飾りひもの上から小は2.5cm（大は3.5cm）巻く。もう1本の持ち手も同様に作る。

49 ①持ち手固定ひも2本をU字に曲げながら2本を貼り合わせる。4個作る。

50 持ち手のループにU字にした①持ち手固定ひもを通し、本体の編み目に表側から差し込む。①持ち手固定ひもの端は、小は編み目3段分（大は5段分）ずらして差し込む。

51 裏側で①持ち手固定ひもを重ねて折り曲げながら貼り合わせ、2枚一緒に上向きまたは下向きに貼る。ふたも同様に持ち手をつける。

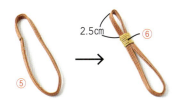

52 ⑤留め具（上）の片面にボンドをつけて2重の輪を作りながら貼り合わせ、楕円状にする。平たくし、⑥留め具巻きひもで⑤留め具（上）の貼り終わりを隠すように巻く。2個作る。

53 ⑦留め具（下）2枚をU字状に曲げながら貼り合わせる。ひも端を合わせて貼り、⑧留め具巻きひもで上部を巻く。2個作る。

54 52の留め具（上）に⑨留め具固定ひもを通し、ふたの編み目（⑨留め具固定ひもの端は4段分くらいずらして差し込む）に通して2重の輪を作りながらボンドで貼り合わせる。

55 53の留め具（下）を54と同様に本体の編み目に通すが、留め具（上）のかかり具合を試して位置を調整してから、⑨留め具固定ひもを通す位置を決める。

56 持ち手と留め具が全部ついたところ。

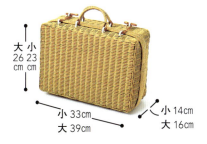

57 全体に霧吹きをして形を整える。でき上がり。

コイリングの盛りかご | Photo 14-15 ページ

A

B

C

◎**材料** ハマナカエコクラフト
A ［30m巻］マロン (114) 1巻
　［5m巻］パステルピンク (16) 1巻
　［5m巻］ベージュ (1) 1巻
B ［30m巻］マロン (114) 1巻
C ［30m巻］ベージュ (101) 1巻
　［5m巻］クリーム (10) 1巻
◎**用具** 34ページ参照
◎**でき上がり寸法** 写真参照

◎**用意する幅と本数**（裁ち方図参照）
指定以外はAマロン、Cベージュ
BはすべてマロンでAと同様に裁つ

A、B
①芯ひも	4本幅	295cm×12本	
②コイリングひも	2本幅	200cm× 6本	Aパステルピンク
	2本幅	200cm× 4本	Aベージュ
	2本幅	260cm× 2本	
③縁芯ひも	4本幅	80cm× 6本	
④コイリングひも	2本幅	230cm× 4本	

C
①芯ひも	4本幅	290cm× 8本	
	4本幅	310cm× 4本	
②コイリングひも	2本幅	200cm×11本	クリーム
	2本幅	200cm× 3本	
③縁芯ひも	4本幅	80cm× 6本	
④コイリングひも	2本幅	230cm× 4本	

◎ **Aの裁ち方** ※BはマロンⅠ色でAと同様に裁つ。

マロン［30m巻］　　　　　　　　　　　　　　　　　　　　　　　■ = 余り部分

① 4本幅 295cm ×12本
―― 590cm ――

―― 590cm ――

② 2本幅 260cm ×2本　　　③ 4本幅 80cm ×6本
④ 2本幅 230cm ×4本
―― 420cm ――

パステルピンク［5m巻］
② 2本幅 200cm ×6本
―― 200cm ――

ベージュ［5m巻］
② 2本幅 200cm ×4本
―― 200cm ――

◎ Cの裁ち方

ベージュ [30m巻]　　　　　　　　　　　　　　　　　　　　　　　　　　　　　■ = 余り部分

① 4本幅 290cm × 8本	①
①	①
①	①

←──────────── 580cm ────────────→

①	①
① 4本幅 310cm × 4本	①
①	①

←──────────── 620cm ────────────→

② 2本幅 200cm × 3本	②			
④ 2本幅 230cm × 4本	③ 4本幅 80cm × 6本	③	③
④	③	③	③

←──────────── 470cm ────────────→

クリーム [5m巻]

② 2本幅 200cm × 11本	②
②	②
②	②

←──────── 400cm ────────→

※Cで解説しています。AとBはP.71を参照して同様に作ります。

1 ①芯ひも4本の端にボンドをつけて1cm重ねて貼り、4重にする。

2 4重の①芯ひもを逆「の」の字に小さな輪を作り、裏側に②コイリングひも1本（Cはクリーム、Aはパステルピンク）をボンドで貼って取りつける。

3 1周目。4重の①芯ひもを1組として、①芯ひも2組を②コイリングひもで外側から中心に向かって巻く。1目コイリングしたところ。

4 同様に巻き、全部で10目コイリングする。

5 2周目。次の①芯ひも1組と下側の①芯ひも1組を一緒に②コイリングひもでコイリングする。このとき、②コイリングひもが通しにくいので、竹串などですき間を作って通すとよい。

6 1周目の目と目の間を均等にしながら、5と同様に②コイリングひもを通してコイリングする。

7 目と目の間隔を均等にしながらコイリングで計5周したら、6周目は目と目の間にもひと巻きして増し目をし、全部で20目にする。

8 10周目まで増し目をせずにコイリングをし、Cは11周目で目と目の間にもひと巻きして増し目をし、全部で40目にする。Aは11周目でベージュの②コイリングひもにかえてから（写真13参照）、同様に増し目をする。

9 途中で①芯ひもがなくなったら、新しい①芯ひもの先にボンドをつけ、4本それぞれの位置で突き合わせにして貼る。②コイリングひもなくなったら、裏側で新しいひもと1cm重ねてつなぐ（写真13参照）。

10 A〜Cとも40目のまま増し目をせずに、15周目までコイリングする。ここまでが底になる。

11 Cは4重の①芯ひものうち、内側の2本を切り落として2重の芯にする。AとBは切り落とさない。

12 Cは2重の①芯ひもで上部に積み上げるようにコイリングしながら6周する。Aは②コイリングひもをパステルピンクにかえ、内側にやや湾曲させるようにしながら3周、マロンにかえて同様に3周する（計21周）。

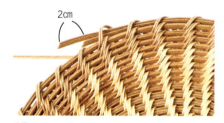

13 Cは6周したら、ベージュの②コイリングひもにつなぎかえる。

14 Cは続けてベージュの②コイリングひもで4周する（計25周）。

15 最後は①芯ひもの余分を内側から2cmずつずらしてカットし（AとBは①芯ひも4本を2cmずつずらしてカットする）、段差がつかないようにコイリングする。

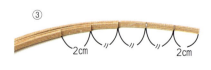

16 ②コイリングひもの余分をカットし、ボンドで裏側にとめる。

17 ③縁芯ひも6本の先端を2cmずつずらして重ね、ボンドで貼り合わせる。

18 本体の縁に当て（どこからでもよいが、編み終わりは避ける）、④コイリングひもを③縁芯ひもの裏側に貼る。

19 ④コイリングひもですき間なく4回コイリングし、下に②コイリングひもがあるところは③縁芯ひもだけに3回巻きつける。

20 少しコイリングしたところ。
※コイリングの目の間隔によっては、この回数にならなくても大丈夫。すき間なく、1目につき同じ回数を巻くとよいでしょう。

裏側

21 裏側から見たところ。

22 最後は③縁芯ひも6本それぞれのひも端同士が突き合わせになるように、長さを調整してカットする。

裏側

23 ④コイリングひもで残りの部分をコイリングしたら、ひもの余分をカットし、裏側で重ねてボンドでとめる。

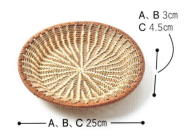

A、B 3cm
C 4.5cm

← A、B、C 25cm →

24 でき上がり。

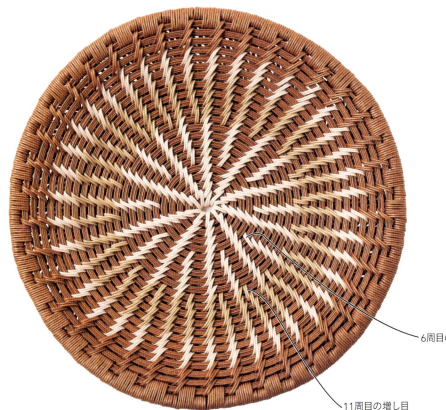

6周目の増し目

11周目の増し目

◎ Aの作り方

※Bはマロン1色にして同様に作ります。

1〜15周目は②コイリングひもの色に注意し（下記参照）、1〜10と同様に底を作る。16周目からは、内側にやや湾曲させるようにして21周目までコイリングするが、①芯ひもはカットせずに4本のままコイリングする。③縁芯ひも、④コイリングひもで17〜23と同様に縁を作る。

②コイリングひもの色

1〜10周目	パステルピンク
11〜15周目	ベージュ
16〜18周目	パステルピンク
19〜21周目	マロン

とばし編みの楕円底バッグ | Photo 16 ページ

- ◎ **材料** ハマナカエコクラフト
  [30m巻] わさび (136) 1巻
  [5m巻] チョコレート (15) 1巻
- ◎ **用具** 34ページ参照
- ◎ **でき上がり寸法** 写真参照
- ◎ **用意する幅と本数** (裁ち方図参照)
  指定以外はわさび

① 横ひも	4本幅	76cm×5本	
② 横ひも	8本幅	22cm×6本	
③ 縦ひも	4本幅	60cm×13本	
④ 縦ひも	4本幅	66cm×2本	
⑤ 始末ひも	4本幅	9cm×2本	
⑥ 底編みひも	2本幅	500cm×2本	
⑦ 差しひも	4本幅	25cm×8本	
⑧ 編みひも	4本幅	1240cm×2本	
⑨ 編みひも	2本幅	610cm×2本	
⑩ 縁編みひも	2本幅	90cm×3本	チョコレート
⑪ 縁編みひも	2本幅	90cm×3本	
⑫ 持ち手つけ補強	6本幅	9cm×4本	
⑬ 持ち手ひも	8本幅	117cm×2本	チョコレート
⑭ 巻きひも	2本幅	340cm×2本	チョコレート

◎ 裁ち方

わさび [30m巻]　　　　　　　　　　　　　　　　　　　　　□ = 余り部分

（裁ち方図）

チョコレート [5m巻]

（裁ち方図）

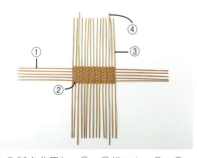

1 P.30を参照し、①、②横ひも、③、④縦ひも (両端から3本目が④縦ひも)、⑤始末ひもで角底を作るが、四隅の角を少し切り落としておく。

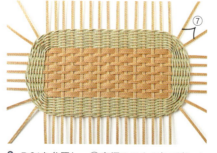

2 P.31を参照し、⑥底編みひも2本で追いかけ編みを8周編んだらひもを休め、⑦差しひもを裏側に貼る。休めておいた⑥底編みひもで続けて追いかけ編みを4周、ねじり編みを1周編んでボンドでとめる。

3 裏返し、底から出ているひもをすべて内側に折り曲げて立ち上げる。以降、立ち上げたひもをすべて縦ひもとする。

4 ⑧編みひも1本を左横中央の1本左隣の縦ひもの裏側にボンドで貼る。

5 縦ひもに対して、表2目、裏2目、表1目、裏2目のとばし編みで編んでいく。

6 2段目を編んでいるところ。

7 入れ口に向かってやや広がるように、とばし編みで31段編む。途中で⑧編みひもがなくなったら、つぎ足して編む。編み終わりはひもの余分をカットし、ボンドで裏側にとめる。

8 ⑨編みひも1本を左横中央の1本右隣の縦ひもの裏側にボンドで貼る。

9 右横まで半周編んだら、もう1本の⑨編みひもを右横中央の縦ひもの裏側に貼る。

10 スタート位置を半周ずらして2本の編み目が互い違いになるように追いかけ編みを8段編み、それぞれ編み始めの位置で⑨編みひもを休めておく。

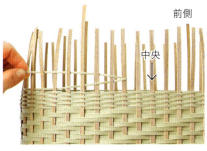

11 左横で休めておいた⑨編みひもを前側中央の2本手前の縦ひもまで編み進み、引き返す。右横の⑨編みひもは休めておく。

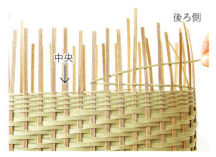

12 反対側の（後ろ側）の中央の2本手前の縦ひもまで編んだら引き返す。

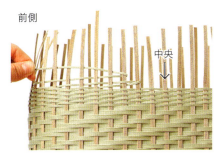

13 今度は前側中央の3本手前の縦ひもまで編んだら引き返す。

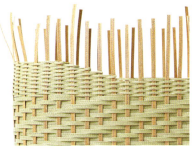

14 以降、両側で1本ずつ手前で引き返し、計10段（折り返し5回）編む。

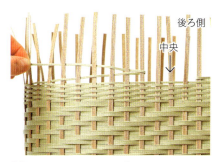

15 休めておいた右横の⑩編みひもを後ろ側中央の2本手前の縦ひもまで編んだら引き返す。

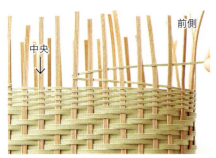

16 前側中央の2本手前の縦ひもまで編んだら引き返す。

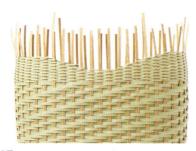

17 同様に縦ひもを1本ずつ手前で引き返し、計10段（折り返し5回）編む。編み終わりはひもの余分をカットし、ボンドで裏側にとめる。

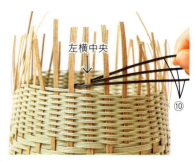

18 P.32を参照して、⑩縁編みひも3本を左横の縦ひもの裏側にボンドで貼り、縦ひもを1本分ずつずらして出す。

19 3本なわ編みで1段編む。編み終わりはひもの余分をカットし、ボンドで裏側にとめる。

20 ⑪縁編みひも3本を18と同様に左横の縦ひもの裏側にボンドで貼り、3本なわ編みで1段編む。編み終わりはひもの余分をカットし、ボンドで裏側にとめる。

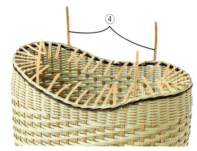

21 側面の編み目を詰めてから、持ち手つけ位置（④縦ひも）以外の残った縦ひもをすべて内側に折り、折り曲げた縦ひもの根元にボンドをつけ、側面の編み目に差し込む。

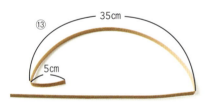

22 持ち手を作る。⑬持ち手ひもの端を内側に5cm折り、折り目から35cmのところをさらに内側に折る。

23 P.55・56の24〜27を参照し、⑬持ち手ひも、⑭巻きひもで持ち手を2本作る。

24 ⑫持ち手つけ補強にボンドをつけ、④縦ひもの表側に1〜2cm差し込み、内側に曲げながら貼り合わせて2重にする。

25 持ち手のループを④縦ひもに通し、ボンドをつけて裏側の編み目に差し込む。

26 片側の持ち手がついたところ。反対側の持ち手も同様につける。

27 でき上がり。

模様編みの収納かご | Photo 17ページ

- **材料** ハマナカエコクラフト
  [30m巻] チョコレート（115）1巻
  [5m巻] ベージュ（1）1巻
- **用具** 34ページ参照
- **でき上がり寸法** 写真参照
- **用意する幅と本数**（裁ち方図参照）
  指定以外はチョコレート

番号	名称	幅	長さ×本数	
①	横ひも	6本幅	68cm × 9本	
②	横ひも	8本幅	26cm × 10本	
③	縦ひも	6本幅	56cm × 15本	
④	始末ひも	6本幅	17cm × 2本	
⑤	底編みひも	2本幅	680cm × 2本	
⑥	差しひも	6本幅	20cm × 8本	
⑦	編みひも	5本幅	108cm × 14本	
⑧	かけひも	2本幅	120cm × 21本	ベージュ
⑨	編みひも	2本幅	325cm × 2本	
⑩	縁ひも	12本幅	108cm × 2本	
⑪	縁補強ひも	3本幅	106cm × 1本	
⑫	持ち手ひも	8本幅	49cm × 2本	
⑬	巻きひも	2本幅	170cm × 2本	

◎裁ち方

■ = 余り部分

チョコレート［30m巻］

①6本幅 68cm×9本
③6本幅 56cm×15本
全長 620cm

6本幅 17cm×2本（④）
8本幅 26cm×10本（②）
6本幅 20cm×8本（⑥）
⑫8本幅 49cm×2本
⑤2本幅 680cm×2本
全長 647cm

⑪3本幅 106cm×1本
⑬2本幅 170cm×2本
⑤の続き
⑦5本幅 108cm×14本
⑨2本幅 325cm×2本
全長 602cm

⑦
⑩12本幅 108cm×2本
⑨の続き
全長 540cm

ベージュ［5m巻］

⑧2本幅 120cm×21本
全長 480cm

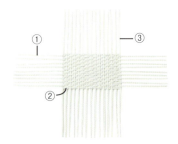

1 P.30を参照し、①、②横ひも、③縦ひも、④始末ひもで角底を作るが、四隅の角を少し切り落としておく。

2 P.31を参照し、⑤底編みひも2本で追いかけ編みを8周編んだらひもを休め、⑥差しひもを裏側に貼る。休めておいた⑤底編みひもで続けて追いかけ編みを4周、ねじり編みを1周編んでボンドでとめる。

3 裏返し、底から出ているひもをすべて内側に折り曲げて立ち上げる。以降、立ち上げたひもをすべて縦ひもとする。

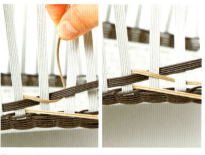

4 ⑦編みひも1本を左横中央の縦ひもの裏側にボンドで貼る。⑧かけひもをその1本右隣の縦ひもの裏側に、⑦編みひもの上側と下側になるように1本ずつ貼る。

5 上の⑧かけひもを隣の縦ひもにのせて⑦編みひもの下をくぐらせ、さらに隣の縦ひもにかける。

6 下の⑧かけひもを縦ひもの前でクロスさせ、隣の縦ひもにかける。

7 ⑦編みひもを隣の縦ひもにかけ、1目編む。

8 上の⑧かけひもを隣の縦ひもにのせ、⑦編みひもの下をくぐらせる。

9 隣の縦ひもにかける。

10 下の⑧かけひもを縦ひもの前で上の⑧かけひもとクロスさせ、隣の縦ひもにかける。

11 7〜10をくり返して⑧かけひもでクロスを作りながら編んでいく（＝掛け編み）。1段編んだら、⑦編みひもを編み始めと1cm重なるように余分をカットし、裏側でボンドで貼り合わせる。

12 ⑦編みひもを貼り合わせた縦ひものところにも⑧かけひもでクロスをかけ、⑧かけひもの余分をカットして裏側に貼る。

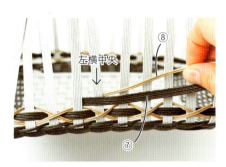

13 2段目。別の⑦編みひもを左横中央の1本左隣の縦ひもの裏側にボンドで貼る。⑧かけひも1本を左横中央の縦ひもの裏側に、⑦編みひもの上側になるように貼る。

14 ⑦編みひもを隣の縦ひもにかけ、1目編む。

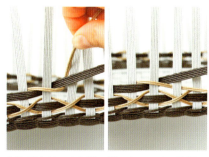

15 ⑧かけひもを隣の縦ひもにのせ、⑦編みひもの下をくぐらせ、さらに隣の縦ひもにかける。

16 ⑦編みひもで1目編む。

17 ⑧かけひもを隣の縦ひもの上にのせ、さらに隣の縦ひもにかける。

18 同様に⑦編みひもで1目編んでは、⑧かけひもを右斜め下方向と右斜め上方向にかけて1段編む。編み終わりは⑦編みひも、⑧かけひもの余分をカットして、裏側で貼り合わせる。

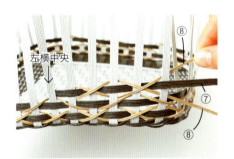

19 3段目。⑦編みひも1本と⑧かけひも2本を4と同様に貼り、⑧かけひもでクロスを作りながら掛け編みで1段編む。

20 4段目。⑦編みひもを左横中央の1本左隣、⑧かけひも1本を左横中央の縦ひもの裏側に⑦編みひもの下側になるように貼る。今度は⑧かけひもを右斜め上方向と右斜め下方向になるようにかけて1段編む。

21 4段目を少し編んだところ。⑧かけひもでかがった菱形の中にクロスができる。

22 1〜4段目をくり返し、⑦編みひも、⑧かけひもで計14段編む。

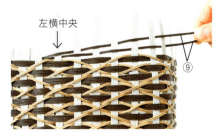

23 ⑨編みひも2本を左横中央の縦ひもとその1本左隣の縦ひもの裏側にボンドで貼り、2本の編み目が交互になるように追いかけ編みで編む。

24 追いかけ編みで6段編んだら、編み終わりはひもの余分をカットしてボンドで裏側にとめる。

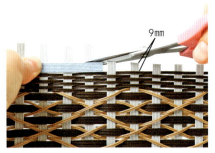

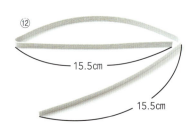

25 側面の編み目を詰めてから、残った縦ひもを最終段から9mm残して切りそろえる。余ったひもを9mmにカットし、定規がわりに当てるとよい。

26 切りそろえた縦ひもにボンドをつけ、⑩縁ひもを左横中央の3本右の縦ひもの表側から1周貼る。P.41「縁始末の仕方」を参照し、⑩縁ひもの裏側に⑪縁補強ひもを1周、⑩縁ひもを1周貼る。

27 持ち手を作る。⑫持ち手ひもは両端から15.5cmのところで内側に折る。もう1本の⑫持ち手ひもも同様に折る。

28 ⑫持ち手ひもをいったん伸ばし、かごの左右の表側から⑩縁ひもの下に折り目のところまで差し込む。
※⑫持ち手ひもを差し込むと、⑩縁ひもの貼り終わりのつなぎ目がちょうど隠れます。

29 持ち手ひもを持ち手の形にし、ボンドで貼り合わせて3重の持ち手にする。⑬巻きひもの端を⑫持ち手ひもの間に入れてボンドでとめ、すき間なく巻く（P.56参照）。

30 反対側の持ち手も同様に作る。でき上がり。

菱かがりの角底バッグ | Photo 18-19ページ

◎**材料** ハマナカエコクラフト
　A ［30m巻］つゆ草（128）1巻
　　［5m巻］ターコイズグリーン（33）1巻
　B ［30m巻］パステルブルー（118）1巻
　　［5m巻］白（2）1巻
◎**用具** 34ページ参照
◎**でき上がり寸法** 写真参照

◎**用意する幅と本数**（裁ち方図参照）
指定以外はAつゆ草、Bパステルブルー

①横ひも	8本幅	80cm×5本
②横ひも	8本幅	31cm×6本
③縦ひも	8本幅	60cm×15本
④始末ひも	8本幅	12cm×2本
⑤芯ひも	8本幅	87cm×9本
⑥かがりひも	2本幅	165cm×18本
⑦編みひも	2本幅	850cm×2本
⑧編みひも	2本幅	180cm×1本
⑨持ち手つけ補強	8本幅	6cm×4本
⑩持ち手ループ	4本幅	20cm×8本
⑪持ち手ひも	10本幅	36cm×4本
⑫持ち手補強ひも	8本幅	20cm×4本
⑬巻きひも	2本幅	500cm×2本

Aターコイズグリーン
B白

◎裁ち方

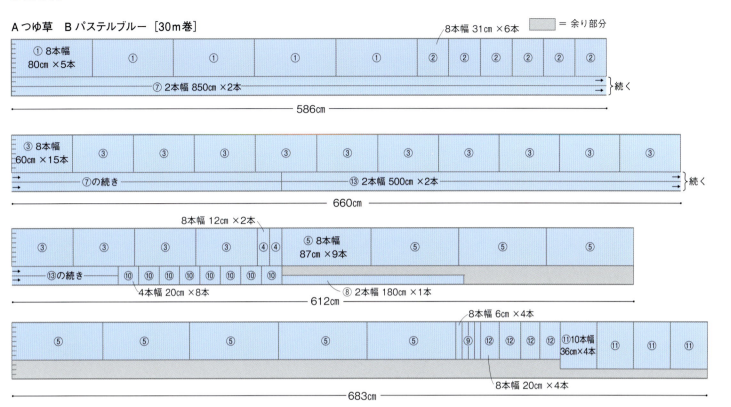

A つゆ草　B パステルブルー [30m巻]

A ターコイズグリーン　B 白 [5m巻]

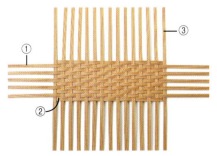

1 P.30を参照し、①、②横ひも、③縦ひも、④始末ひもで角底を作る。

2 裏返し、底から出ているひもをすべて内側に折り曲げて立ち上げる。以降、立ち上げたひもをすべて縦ひもとする。

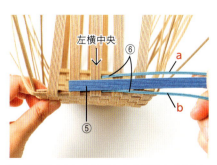

3 ⑤芯ひも1本を左横中央の縦ひもの1本左隣の表側にボンドで貼り、⑥かがりひもを1本右隣（左横中央）の縦ひもの裏側に、⑤芯ひもの上側と下側になるように1本ずつ貼る。

79

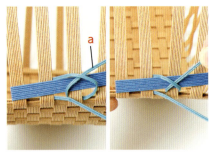

4 aの⑥かがりひもを隣の縦ひもの⑤芯ひもの下に巻きつけ、クロスを作って引き締める。このとき⑥かがりひもはクロスの下を通るようにする。

5 bの⑥かがりひもを隣の縦ひもに巻きつけ、クロスを作って引き締める。

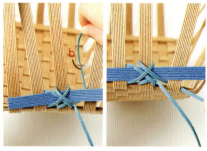

6 bの⑥かがりひもを⑤芯ひもの下にくぐらせて、隣の縦ひもにかける。

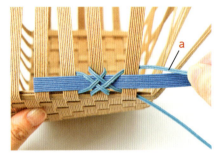

7 aの⑥かがりひもを隣の縦ひもにかける。井桁模様ができる。

8 4〜7をくり返して⑥かがりひもで井桁模様を作りながら編んでいく（＝菱かがり）。

9 縦ひもの間隔が均一になるようにかがり、巻きつけた⑥かがりひもが裏側でたるまないように引き締めて編む。井桁模様は縦ひも1本おきにできる。

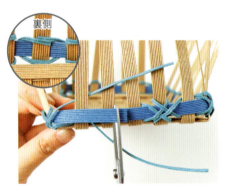

10 1周し、⑤芯ひもが余った場合は編み始めと1cm重なるように余分をカットし、表側にボンドで貼る。⑤芯ひもを貼り合わせた縦ひものところにも菱かがりをし、⑥かがりひもの余分をカットして裏側に貼る。

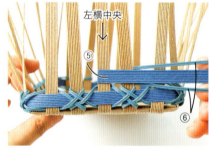

11 2段目。⑤芯ひも1本を左横中央の縦ひもの表側にボンドで貼り、⑥かがりひもを1本右隣の縦ひもの裏側に、⑤芯ひもの上側と下側になるように1本ずつ貼る。

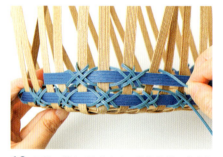

12 同様に菱かがりをする。井桁模様は前段と互い違いにできる。

13 菱かがりで計9段編む。⑤、⑥ひもは奇数段は1段目と同じ位置、偶数段は2段目と同じ位置に貼って編み始める。

14 ⑦編みひも2本を左横中央とその1本左隣の縦ひもの裏側にボンドで貼る。

15 2本の編み目が交互になるように追いかけ編みで16段編み、⑦編みひもを休めておく。

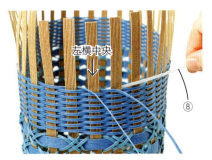
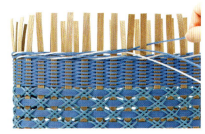
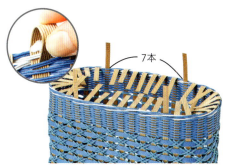

16 休めておいた⑦編みひも2本と縦ひも1本分ずつずらして出るように、⑧編みひもを左横に貼る。

17 P.32を参照して3本なわ編みで2段編む。編み終わりはひもの余分をカットし、ボンドで裏側にとめる。

18 側面の編み目を詰めてから、持ち手つけ位置（両端から4本目の③縦ひも）以外の残った縦ひもをすべて内側に折り、折り曲げた縦ひもの根元にボンドをつけ、側面の編み目に差し込む。長いひもは少しカットしてから差し込む。

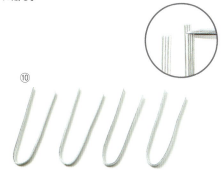

19 持ち手を作る。⑩持ち手ループ2本をU字に曲げながら2本を貼り合わせる。内側のはみ出しているひもはカットする。全部で4個作る。

20 ⑪持ち手ひも4本のうち、2本の持ち手を1cmカットして短くする。U字にした⑩持ち手ループの端から8cmのところに印をつけ、カットした方の⑪持ち手ひも（内側になる）の両端に印のところまで貼る。

21 ⑫持ち手補強ひもを⑪持ち手ひもの中央部に2重に貼る。⑫持ち手補強ひもが長ければカットし、U字の⑩持ち手ループと突き合わせにする。

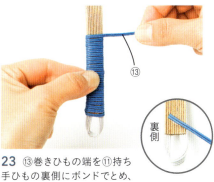
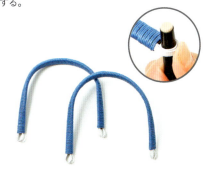

22 もう1本の⑪持ち手ひもを上に貼り、4重にする。

23 ⑬巻きひもの端を⑪持ち手ひもの裏側にボンドでとめ、すき間なく巻く。

24 もう1本の持ち手も同様に作る。ループはあとで縦ひもを通すので、つぶれている場合はペンなどを使って穴を広げておく。

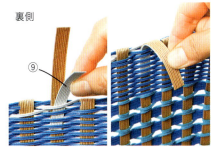
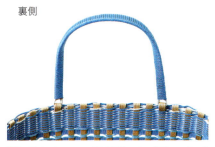
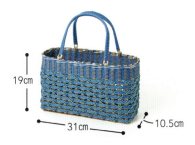

25 ⑨持ち手つけ補強にボンドをつけて③縦ひもの裏側に2cm差し込み、内側に曲げながら貼り合わせて2重にする。

26 持ち手のループを③縦ひもに通し、ボンドをつけて裏側の編み目に差し込む。片側の持ち手がついたところ。

27 反対側の持ち手も同様につける。でき上がり。

仕切りつき小物入れ | Photo 20-21 ページ

◎**材料** ハマナカエコクラフト
A [5m巻] チョコレート (15) 3巻
B [5m巻] サンド (13) 2巻
◎**用具** 34ページ参照
◎**でき上がり寸法** 写真参照

◎**用意する幅と本数**（裁ち方図参照）

		A	B
①横ひも	6本幅	46cm× 5本	38cm×5本
②横ひも	8本幅	23cm× 6本	16cm×6本
③縦ひも	6本幅	32cm×13本	32cm×9本
④始末ひも	6本幅	10cm× 2本	10cm×2本
⑤仕切り縦ひも	6本幅	12cm×12本	12cm×6本
⑥仕切り編みひも	8本幅	9.5cm×14本	9.5cm×7本
⑦仕切り編みひも	8本幅	15cm×2本	15cm×1本
⑧編みひも	8本幅	69cm×5本	55cm×5本
⑨かがりひも	2本幅	90cm×4本	70cm×4本
⑩編みひも	2本幅	400cm×2本	320cm×2本
⑪外縁ひも	9本幅	68cm×1本	54cm×1本
⑫内縁ひも	9本幅	106cm×1本	72cm×1本
⑬縁補強ひも	2本幅	106cm×1本	72cm×1本

◎ **A の裁ち方**
チョコレート [5m巻]

◎ **B の裁ち方**
サンド [5m巻]

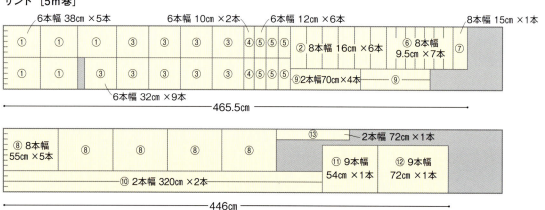

※Aで解説をしています。Bは指定の長さと本数で同様に作ります。

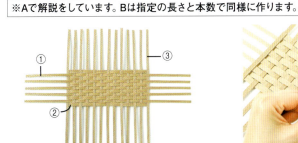

1 P.30を参照し、①、②横ひも、③縦ひも、④始末ひもで角底を作る。

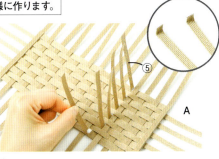

2 底を裏返す。⑤仕切り縦ひもの先端を5mm折ってボンドをつけ、Aは底面の右から4本目の③縦ひもと②横ひもの重なりの間に6本差し込む。Bは4参照。

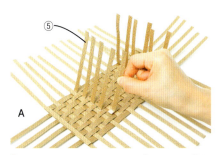

3 Aはさらに左から4本目の③縦ひもと②横ひもの重なりの間にも、⑤仕切り縦ひもを6本差し込む。折り曲げた⑤仕切り縦ひものひも端は、外側に向けて差し込む。

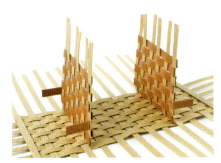

4 Bは3と同様に、左から4本目の③縦ひもと②横ひもの重なりの間に6本差し込む。

5 ⑤仕切り縦ひもに⑥仕切り編みひもを1段編み入れ、ひもの両端を⑤仕切り縦ひもにボンドでとめる。余ったひもを刷毛がわりにしてボンドを入れるとよい。

6 ⑥仕切り編みひもで2段、⑦仕切り編みひもで1段、⑥仕切り編みひもで5段編み入れ、⑥、⑦仕切り編みひもの両端を⑤仕切り縦ひもにボンドでとめる。

7 ⑦仕切り編みひもの左右の端を底面の外側に向かって90度折り曲げる。

8 ①横ひもと③縦ひもを内側に折り曲げて立ち上げる。以降、立ち上げたひもをすべて縦ひもとする。

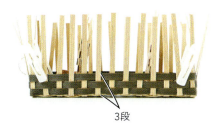

9 ⑧編みひも1本を左横中央の縦ひもの裏側に洗濯バサミでとめ（ボンドではとめない）、縦ひもに対して交互になるように1段編む。編み終わりは、編み始めと重ねてボンドで貼り合わせる。

10 残りの⑧編みひもを前段と縦ひも1本ずらしたところにボンドで貼り、同様に計3段編む。

11 ⑨かがりひも1本を左横中央の縦ひもの裏側、2段目の⑧編みひもの上に、ボンドで貼る。

12 ⑨かがりひもで2段目の⑧編みひもの上と下に、縦ひも1本分あけて通し、ジグザグにかがる。

83

13 1周してかがり始めまできたら、⑨かがりひもの余分をカットして縦ひもの裏側に貼る。

14 別の⑨かがりひも1本を左横中央の縦ひもの裏側、2段目の⑧編みひもの下にボンドで貼り、先にかがった⑨かがりひもとクロスを作るように同様にかがっていく。

15 かがり始めまできたら、始めと模様がつながるようにし、⑨かがりひもの余分をカットして縦ひもの裏側にとめる。

16 ⑩編みひも2本を左横の左端から2本目の縦ひもと左端の縦ひもの裏側にボンドで貼る。

17 2本の編み目が交互になるように追いかけ編みで12段編む。編み終わりはひもの余分をカットし、ボンドで裏側にとめる。

18 7で折り曲げた⑦仕切り編みひもを3段目の⑧編みひもの裏側にボンドでとめる。

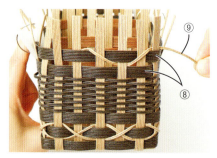

19 ⑧編みひもで前段と編み目が互い違いになるように2段編み、一番上の⑧編みひもに⑨かがりひも1本でジグザグにかがる。

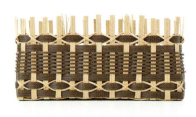

20 残りの⑨かがりひも1本でクロスを作ってかがる。クロスの位置は2段目のクロスの位置と縦ひも1本分ずれる。

21 残った縦ひもを上に引っ張って側面の編み目を詰め、仕切りと高さをそろえ、残った縦ひもと仕切り縦ひもを6mm残して切りそろえる。余ったひもを6mmにカットし、定規がわりにするとよい。

22 切りそろえた縦ひもにボンドをつけ、⑪外縁ひもを左横中央の表側から1周貼る。最後は1cm重なるように余分をカットし、ボンドで貼り合わせる。

23 P.41「縁始末の仕方」を参照し、⑬縁補強ひもを⑪外縁ひもの上端に合わせて裏側に続けて1周貼る。⑬縁補強ひもは必要な長さにカットして使う。

24 ⑫内縁ひもにボンドをつけ、仕切り縦ひもの上端から内側に貼る。

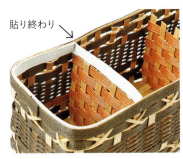

25 仕切られた空間の内側の上端に1周貼ったら、⑫内縁ひもを貼り始めと突き合わせになるようにカットする。⑫内縁ひもは必要な長さにカットして使う。

26 仕切り縦ひもに貼った⑫内縁ひもの裏側の上端に、⑬縁補強ひもをカットして貼る。

27 ⑫内縁ひもにボンドをつけ、仕切り縦ひもの上端から内側に1周貼る。

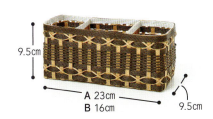

28 Aは残りの空間も26・27と同様に、⑬縁補強ひも、⑫内縁ひもを貼る。

29 仕切りの角の部分をペンチで挟んで形を整える。

30 でき上がり。

角底和風バッグ | Photo 25 ページ

◎**材料** ハマナカエコクラフト [30m巻] マロン (114) 1巻
◎**用具** 34ページ参照
◎**でき上がり寸法** 写真参照

◎**用意する幅と本数** (裁ち方図参照)

①横ひも	4本幅	72cm× 9本		④始末ひも	4本幅	11cm× 2本
②横ひも	5本幅	27cm×10本		⑤差しひも	4本幅	23cm×28本
③縦ひも	4本幅	55cm×15本		⑥底縁ひも	4本幅	26cm× 2本
				⑦編みひも	4本幅	500cm× 6本
				⑧縁ひも	10本幅	82cm× 2本
				⑨縁補強ひも	2本幅	81cm× 1本
				⑩リングひも	5本幅	12cm× 4本
				⑪持ち手ひも	8本幅	117cm× 2本
				⑫巻きひも	2本幅	330cm× 2本
				⑬持ち手飾りひも	2本幅	35cm× 2本

◎裁ち方

マロン［30m巻］

■ = 余り部分

（裁断図：626cm、1252cm、518cm）

- 5本幅 27cm ×10本（②）
- ① 4本幅 72cm ×9本
- ③ 4本幅 55cm ×15本
- 4本幅 23cm ×28本（⑤）
- 4本幅 11cm ×2本（④）
- 4本幅 26cm ×2本（⑥）
- ⑦ 4本幅 500cm ×6本
- ⑧ 10本幅 82cm ×2本
- 5本幅 12cm ×4本（⑩）
- ⑪ 8本幅 117cm ×2本
- ⑫ 2本幅 330cm ×2本
- 2本幅 81cm ×1本（⑨）
- 2本幅 35cm ×2本（⑬）

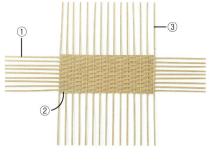

1　P.30を参照し、①、②横ひも、③縦ひも、④始末ひもで角底を作る。

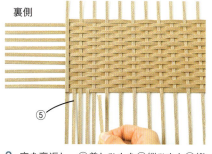

2　底を裏返し、⑤差しひもを③縦ひもと③縦ひもの間に貼っていく。⑤差しひもの先にボンドをつけ、底面の上下の②横ひもに貼る。

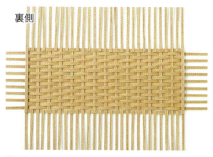

3　⑤差しひもを全部貼ったところ。

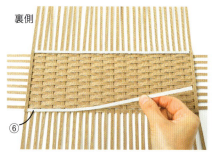

4　⑤差しひものひも端を隠すように、⑥底縁ひもを底面の上下の横縁に貼る。

5　底から出ているひもをすべて内側に折り曲げて立ち上げる。以降、立ち上げたひもをすべて縦ひもとする。

6　⑦編みひも1本を左横の左端の縦ひもの裏側にボンドで貼り、縦ひもに対して裏3目、表2目のとばし編みで編んでいく。

7 2段目を編んでいるところ。模様が1段ごとに1目ずつずれていく。

8 とばし編みで少し編んだところ。途中でひもがなくなったら、つぎ足して編む。

9 とばし編みで38段編む。編み終わりはひもの余分をカットし、ボンドで内側にとめる。

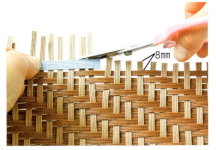

10 側面の編み目を詰めてから、残った縦ひもを8mm残して切りそろえる。余ったひもを8mmにカットし、定規がわりにするとよい。

11 切りそろえた縦ひもにボンドをつけ、⑧縁ひもを左横中央の表側から1周貼る。

12 P.41「縁始末の仕方」を参照し、⑧縁ひもの裏側に⑨縁補強ひもを1周、⑧縁ひもを1周貼る。

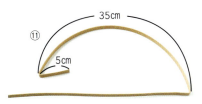

13 持ち手を作る。⑪持ち手ひもの端を内側に5cm折り、折り目から35cmのところをさらに内側に折る。P.55・56の24・25を参照して持ち手の形を作る。

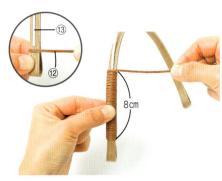

14 ⑬持ち手飾りひもの端を持ち手の表側に貼り、⑫巻きひもの端を⑪持ち手ひもの間に入れてボンドでとめる。ループ部分を残し、⑬飾りひもの上から8cmすき間なく巻く。

15 8cm巻いたら、⑬持ち手飾りひもの上と下を交互に1回ずつ巻く。

16 巻き終わりは⑬持ち手飾りひもの上から8cm巻く。もう1本の持ち手も同様に作る。

17 持ち手つけ位置(両端から7本目と8本目の縦ひもの間)に、⑩リングひもに持ち手のループを通して2重の輪を作りながらボンドで貼り合わせる。

18 反対側の持ち手も同様につける。でき上がり。

ふたつきバスケット | Photo 22-23 ページ

◎**材料**　ハマナカエコクラフト
[30m巻] ベージュ（101）1巻
[5m巻] ベージュ（1）1巻

◎**用具**　34ページ参照

◎**でき上がり寸法**　写真参照

◎**用意する幅と本数**（裁ち方図参照）

本体

①横ひも	6本幅	56cm× 7本
②横ひも	8本幅	20cm× 8本
③縦ひも	6本幅	48cm×11本
④始末ひも	6本幅	14cm× 2本
⑤底編みひも	2本幅	520cm× 2本
⑥差しひも	6本幅	17cm× 8本
⑦編みひも	4本幅	525cm× 2本
⑧編みひも	2本幅	530cm× 3本
⑨編みひも	2本幅	530cm× 1本
⑩内縁ひも	10本幅	88cm× 1本
⑪縁補強ひも	2本幅	88cm× 1本
⑫外縁ひも	10本幅	89cm× 2本
⑬縁巻きひも	2本幅	490cm× 2本

ふた

⑭仮止めひも	6本幅	22cm× 1本
⑮縦ひも	6本幅	33cm× 5本
⑯縦ひも	6本幅	29cm× 6本
⑰編みひも	2本幅	82cm× 8本
⑱編みひも	2本幅	35cm×21本
⑲編みひも	2本幅	450cm× 4本
⑳差しひも	6本幅	8cm× 8本
㉑内縁ひも	10本幅	88cm× 1本
㉒縁補強ひも	2本幅	86cm× 1本
㉓外縁ひも	10本幅	89cm× 2本
㉔縁巻きひも	2本幅	490cm× 2本

持ち手と留め具

①持ち手取りつけ台	8本幅	15cm× 3本
②リングひも	4本幅	11cm× 2本
③補強ひも	8本幅	14cm× 2本
④クロスかけひも	2本幅	50cm× 1本
⑤持ち手ひも	8本幅	55cm× 1本
⑥持ち手巻きひも	2本幅	165cm× 1本
⑦ふた留め具ひも	4本幅	93cm× 2本
⑧留め具補強	4本幅	8cm× 1本
⑨留め具巻きひも	2本幅	340cm× 1本
⑩留め具リング	3本幅	11cm× 2本
⑪留め具固定ひも	5本幅	12cm× 2本

◎**裁ち方**

ベージュ[30m巻]

　　　　= 余り部分

6本幅 14cm ×2本

① 6本幅 56cm ×7本
③ 6本幅 48cm ×11本
② 8本幅 20cm ×8本
638cm

6本幅 17cm ×8本
⑤ 2本幅 520cm ×2本
⑦ 4本幅 525cm ×2本
593cm

⑧ 2本幅 530cm ×3本
⑬ 2本幅 490cm ×2本
⑨ 2本幅 530cm ×1本
530cm

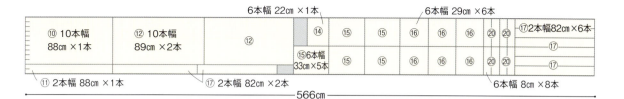

ベージュ［5m巻］

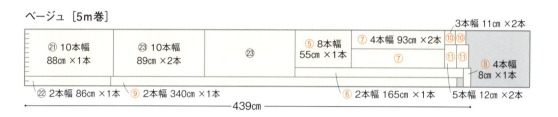

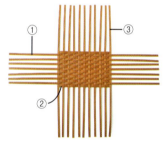

1 本体を作る。P.30を参照し、①、②横ひも、③縦ひも、④始末ひもで角底を作るが、四隅の角を少し切り落としておく。

2 P.31を参照し、⑤底編みひも2本で追いかけ編みを8周編んだらひもを休め、⑥差しひもを裏側に貼る。休めておいた⑤底編みひもで続けて追いかけ編みを4周、ねじり編みを1周編んでボンドでとめる。

3 裏返し、底から出ているひもをすべて内側に折り曲げて立ち上げる。以降、立ち上げたひもをすべて縦ひもとする。

4 ⑦編みひも1本を左横中央の縦ひも、⑧編みひも1本をその1本左隣の縦ひもの裏側にボンドで貼る。

5 2本の編み目が交互になるように追いかけ編みで24段（各12段）編む。途中でひもがなくなったら、つぎ足して編む。

6 ⑦編みひもに⑨編みひも1本を左横中央の縦ひもの裏側でつなぎ、⑨編みひもと⑧編みひもで追いかけ編みを編む。

89

7 追いかけ編みで12段編んだら、ひもの余分をカットしてボンドで裏側にとめる。

8 側面の編み目を詰めてから、残った縦ひもを最終段から6mm残して切りそろえる。余ったひもを、6mmにカットし、定規がわりに当てるとよい。

9 切りそろえた縦ひもの裏側にボンドをつけ、⑩内縁ひもを左横中央の縦ひもの裏側から最終段に下端を合わせて1周貼る。最後は1cm重なるように余分をカットし、ボンドで貼り合わせる。

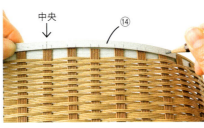
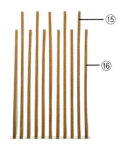

10 形を整え、⑪縁補強ひもにボンドをつけ、⑩内縁ひもの上端に合わせて表側に1周貼る。⑩内縁ひも貼り始めの重なりのところは貼らない。

11 ふたを作る。⑭仮止めひもの中央を本体の後ろ面中央の縦ひもに合わせ、左右5本ずつ本体の縦ひもの位置を⑭仮止めひもに印をつける。
※ふたと本体の縦ひも位置を合わせるため。

12 ⑭仮止めひもに印をつけたところに、⑯縦ひもと⑮縦ひもを交互に貼る。

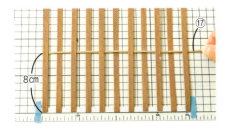

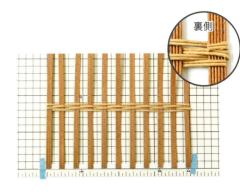

13 ⑰編みひも1本の端を左端の⑯縦ひもの裏側、下端から8cmのところにボンドで貼り、交互になるように編む。

14 右端の⑯縦ひもまで編んだら、引き返して編む。

15 同様に引き返しながら、計4段（＝2往復）編み、編み終わりはひもの余分をカットし、1cm折って裏側に貼る。

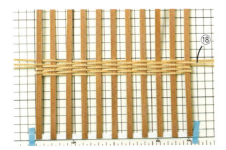
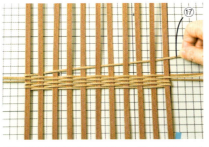
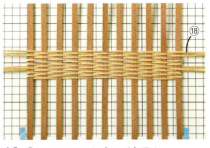

16 ⑱編みひもを前段と編み目が交互になるように1本ずつ通す。3本で1組となる。⑱編みひもは左右の長さが均等になるようにそろえ、左右の端の⑯縦ひもにのっている部分を表側も裏側もボンドでとめる。

17 別の⑰編みひもの端を1cm折って裏側にボンドをつけ、左端の⑯縦ひもを挟むように貼り、4段（＝2往復）編む。編み終わりはひもの余分をカットし、左端の⑯縦ひもの裏側に貼る。

18 ⑱編みひもを1組（＝3本）通す。

19 ⑰編みひも4段（＝2往復）を計8回、⑱縦ひも1組を計7回編み入れる。

20 ⑭仮止めひもを切り落とす。

21 ⑲編みひも2本を左側の1本目と2本目の⑱編みひもの裏側にとめ、追いかけ編みをする。⑱編みひもは3本を1本のひもとして、ひもをきれいに並べて編む。

22 追いかけ編みを8周編んだら、⑲編みひもを休める。

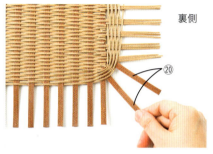

23 裏返し、四隅の角（端の⑯縦ひもと⑱編みひもの間）に⑳差しひもを2本ずつボンドをつけて編み目に差し込む。

24 ふたから出ているひもをすべて内側にゆるやかに折り曲げて立ち上げる。

25 続けて⑲編みひもで14段編む。途中でひもがなくなったら、つぎ足して編む。

26 ふたの口回りのサイズを測り、本体の口回りと同じサイズになっているか確認をする。
※同じサイズでない場合は、ふたの追いかけ編みを編み直して調整するとよいでしょう。

27 本体の口回りに㉑内縁ひもを合わせて洗濯バサミでとめる。

28 1周したら1cm重なるように余分をカットしてボンドで貼り合わせ、本体からはずす。

29 ふた側面の編み目を詰めてから、⑯縦ひもと⑱編みひもの残り部分を最終段から6mm残して切りそろえる。

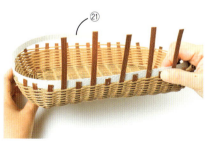

30 切りそろえた⑯縦ひもと⑱編みひもの残り部分にボンドをつけ、㉑内縁ひもを内側に貼る。⑮縦ひもは本体の位置と合わせてから㉑内縁ひもに貼る。

31 ㉒縁補強ひもを後ろ面の⑮縦ひものところを避けて、㉑内縁ひもの上端にカットしながら1周貼る。

32 本体用とふた用の表縁ひもを作る。P.65・66の34〜36を参照し、本体用は⑫外縁ひもと⑬縁巻きひも、ふた用は㉓外縁ひもと㉔縁巻きひもで同様に作る。

33 ふた用の表縁ひもをふたの左横から㉑内縁ひもの上端に合わせて貼る。⑮縦ひものところは上から貼る。

34 1周貼ったら、P.66の38・39を参照して、㉓外縁ひもを2本それぞれのひも端同士が突き合わせになるように長さを調整してカットして貼り合わせ、残り部分も巻く。

35 ふたの⑮縦ひもを本体の編み目に差し込む。後ろ面は本体とのすき間を3mmあける（ふたを開けやすくするため）。

36 かごの内側から、差し込んだ⑮縦ひもと㉑内縁ひもの間をボンドでとめる。⑮縦ひもを差し込んだ表側の編み目にもボンドを入れてとめる。余ったひもを刷毛がわりにしてボンドを入れるとよい。

37 本体用の表縁ひもを本体の左横から⑩内縁ひもの上端に合わせて貼る。

38 後ろ面を貼っているところ。1周貼ったら、貼り終わりはふたの表縁ひもと同様に始末する。

39 全体に霧吹きをして、本体とふたがぴったり合うように形を整える。

40 持ち手を作る。②リングひもの片面にボンドをつけて貼り合わせ、2重のリングを作る。

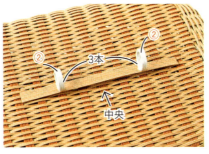

41 ①持ち手取りつけ台とふたの左右の中央を合わせて①持ち手取りつけ台に印をつけ、縦ひも3本あけたところに40の②リングひもを貼る。

42 ③補強ひも1枚の片面にボンドをつけ、もう1枚の③補強ひもを貼って2重にする。残りの①持ち手取りつけ台2枚も同様に2重にする。

43 41の①持ち手取りつけ台の上に2重にした③補強ひもをカットして貼り（リングを貼ったところは避ける）、2重にした①持ち手取りつけ台をさらにその上に貼る。

44 ⑤持ち手ひもの端を内側に4cm折り、折り目から15cmのところをさらに内側に折る。残りのひもを下側に沿わせ、持ち手の形にしながら左端まできたら上側に沿わせ、右端まできたら残り部分を内側に折る。

45 ⑤持ち手ひもをいったん伸ばして①持ち手取りつけ台のリングに通し、両端にループ部分を残し、持ち手の形を作りながらボンドで貼り合わせる。3重の持ち手になる。

46 ⑥持ち手巻きひもの端を⑤持ち手ひもの間に入れてボンドでとめる。ループ部分を残してすき間なく巻く（P.56参照）。

47 ①持ち手取りつけ台の裏にボンドをつけ、ふたの上下左右中央と①持ち手取りつけ台の中央を合わせて、ふたに貼る。

48 ④クロスかけひもをふたの編み目に通し、持ち手取りつけ台にクロスをかけながら固定する。クロスを4個かけたら、④クロスかけひもの余分をカットし、裏側にボンドで貼る。

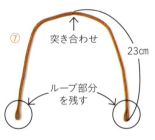

49 ⑦ふた留め具ひも2枚をボンドで貼り合わせながら、両端から23cmのところで内側に折って、両端にループ部分を残して4重にする。

50 ⑦ふた留め具ひもを持ち手にかけて、持ち手のところで直角に曲げ、ふたのカーブに沿わせて癖をつける。

51 ⑦ふた留め具ひもの中央の裏側に⑧留め具補強を貼り、⑨留め具巻きひもの端を⑦ふた留め具ひもの間に入れてボンドでとめる。ループ部分を残してすき間なく巻く（P.56参照）。

52 ⑩留め具リングを⑦ふた留め具ひものループに通し、3重の輪を作りながらボンドで貼り合わせる。

53 ⑪留め具固定ひもをリングに通し、半分に折って本体の編み目に差し込む。⑪留め具固定ひもは、留め具が持ち手にちょうどかかる位置にし、⑪留め具固定ひもの端は編み目1段分ずらして差し込む。

54 裏側で⑪留め具固定ひもを貼り合わせ、2枚一緒に下向きに貼る。でき上がり。

とばし編みの丸底かご | Photo 24 ページ

- ◎ **材料** ハマナカエコクラフト
  [30m巻] コスモス (134) 1巻
- ◎ **用具** 34ページ参照
- ◎ **でき上がり寸法** 写真参照
- ◎ **用意する幅と本数**（裁ち方図参照）

① 井桁ひも	12本幅	65cm×4本
② 井桁ひも	8本幅	65cm×4本
③ 底編みひも	2本幅	730cm×2本
④ 編みひも	4本幅	470cm×2本
		590cm×3本
⑤ 縁ひも	12本幅	72cm×2本
⑥ 縁補強ひも	2本幅	71cm×1本
⑦ 持ち手ひも	6本幅	41cm×2本
⑧ 巻きひも	2本幅	120cm×2本

◎ 裁ち方

コスモス [30m巻]　　　　　　　　　　　　　　　　　　　　　　　□ = 余り部分

（裁ち方図：599cm、535cm、710cm の3段に分けて各ひもを配置）

ニスについて

エコクラフトの作品が完成したら、ニスを塗ると光沢が増して耐水性がアップします。ニスには、刷毛で塗るリキッドタイプと、無色透明のスプレータイプがあります。どちらもニスを塗った後は、充分に乾かしてから使いましょう。

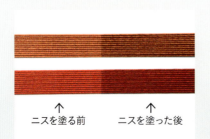

↑ニスを塗る前　　↑ニスを塗った後

左　**ハマナカ 水性アクリルニス**（H204-548）

右　**ハマナカ 透明アクリルニス・スプレータイプ**（H204-577）

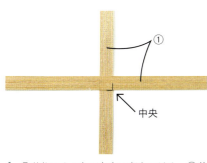

中央

1 ①井桁ひも4本の中央に印をつける。①井桁ひも2本の印どうしを合わせて直角になるように気をつけてボンドで十字に貼る。

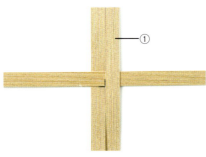

2 1の十字ひもに、もう1本の①井桁ひもの中央を合わせて右隣に貼る。

3 もう1本の①井桁ひもの中央を合わせ、井桁になるように下側に貼る。ひもにつけた印が4本とも中央に集まる。

4 ②井桁ひも4本で同様にもう1組井桁を作り、中心を合わせて3の上に角度が均等になるように放射状に貼る。ひもは中心だけでなく、斜めに重なっているところもボンドで貼る。

5 ①井桁ひもを3等分、②井桁ひもを半分に割いて、全て4本幅にする。

6 全部割いたところ。

7 裏返し、①井桁ひもの1本を切り落とし、全部で39本にする。

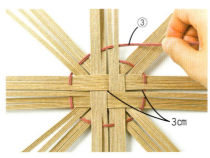

8 ③底編みひもを井桁ひもの裏側(中心から3cmのところ)に貼り、井桁ひもに対して表2目、裏2目になるように、1周目は半径3cmの円を作るようにしながら編む。

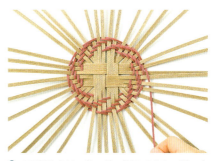

9 2周目からは、前の周の編みひもとの間にすき間ができないように中心方向に目を詰めながら、井桁ひもを徐々に放射状に広げて間隔が均等になるようにして編む。

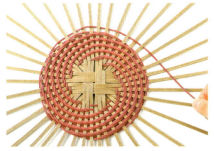

10 20周編んだら、今度は表1目、裏1目で編んでいく。途中でひもがなくなったら、つぎ足して編む。

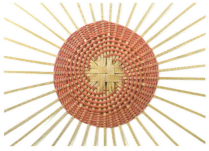

11 表1目、裏1目で11周編んだら、ひもの余分をカットしてボンドで裏側にとめる。この面が表側(底の外側)になる。

12 裏返し、底から出ているひもをすべて内側に折り曲げて立ち上げるが、ひもがやや外側を向くようにする。以降、立ち上げたひもをすべて縦ひもとする。

13 ④編みひも1本を③底編みひもの編み終わりに続けるようにボンドで貼り、縦ひもに対して表3目、裏2目のとばし編みで編んでいく。

14 少し編んだところ。模様が1段ごとに1目ずつずれていく。

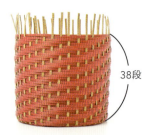

15 とばし編みで38段編む。途中でひもがなくなったら、つぎ足して編む。編み終わりはひもの余分をカットし、ボンドで内側にとめる。

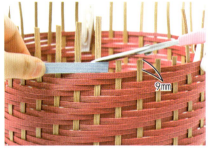

16 側面の編み目を詰めてから、残った縦ひもを9mm残して切りそろえる。余ったひもを9mmにカットし、定規がわりにするとよい。

17 切りそろえた縦ひもにボンドをつけ、⑤縁ひもを表側から1周貼る。貼り終わりは縦ひもと縦ひもの間になるようにし、ひもが余った場合は1cm重なるように余分をカットしてボンドで貼り合わせる。

18 P.41「縁始末の仕方」を参照し、⑤縁ひもの裏側に⑥縁補強ひもを1周、⑤縁ひもを1周貼る。

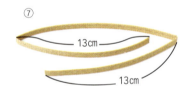

19 持ち手を作る。⑦持ち手ひもは両端から13cmのところで内側に折る。もう1本の⑦持ち手ひもも同様に折る。

20 ⑦持ち手ひもをいったん伸ばし、かごの表側から⑤縁ひもの下に折り目のところまで差し込むが、⑤縁ひもの貼り終わりのつなぎ目を隠す位置になるようにする。

21 もう1本の⑦持ち手ひもを向かい側に同様に差し込んで洗濯バサミで仮止めし、2本の持ち手の位置を調整する。

※持ち手から持ち手の縦ひもの本数は同じにはなりません。14本の方は持ち手を内側に寄せ、15本の方は外側に寄せて間隔を近づけます。

22 ⑦持ち手ひもを持ち手の形にし、ボンドで貼り合わせて3重の持ち手にする。持ち手と⑤縁ひもの間にもボンドを入れてとめる。余ったひもを刷毛がわりにしてボンドを入れるとよい。

23 ⑧巻きひもの端を⑦持ち手ひもの間に入れてボンドでとめ、すき間なく巻く（P.56参照）。

24 反対側も同様に巻く。でき上がり。

コサージュつき浅型バッグ | Photo 28-29 ページ

- **材料** ハマナカエコクラフト
  A [30m巻] 抹茶(137) 1巻
  B [30m巻] グレー(120) 1巻
- **用具** 34ページ参照
- **でき上がり寸法** 写真参照
- **用意する幅と本数**（裁ち方図参照）

①横ひも	6本幅	60cm×5本
②横ひも	8本幅	12cm×6本
③縦ひも	6本幅	56cm×5本
④縦ひも	6本幅	84cm×2本
⑤始末ひも	6本幅	10cm×2本
⑥底編みひも	2本幅	640cm×2本
⑦差しひも	6本幅	23cm×8本
⑧差しひも	6本幅	22cm×8本
⑨編みひも	3本幅	830cm×4本
⑩編みひも	2本幅	270cm×3本
⑪持ち手ひも	8本幅	38cm×4本
⑫巻きひも	2本幅	390cm×2本
⑬持ち手飾りひも	2本幅	35cm×2本

コサージュ

①花びら	12本幅	4cm×12本
②花心	3本幅	18cm×1本
③花心	12本幅	0.8cm×4本
④葉	12本幅	6cm×4本
⑤花台	12本幅	2.5cm×4本
⑥取りつけひも	12本幅	2.5cm×1本
⑦結びひも	1本幅	25cm×2本

◎裁ち方

A 抹茶、B グレー [30m巻]   □=余り部分

※コサージュの①〜⑦ひもは残ったひもから裁つ

実物大型紙

花びら 6枚

葉（大） 1枚

葉（中） 1枚

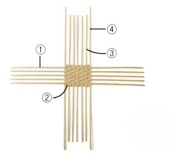

1 P.30を参照し、①、②横ひも、③、④縦ひも（両端が④縦ひも）、⑤始末ひもで角底を作るが、四隅の角を少し切り落としておく。

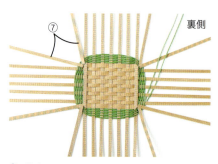

2 ⑥底編みひも2本で追いかけ編みを8周編んだらひもを休めて裏返し、⑦差しひもを2本ずつ四隅に間隔をやや広くとって斜めに貼る。

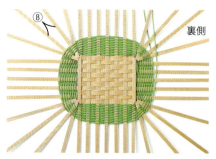

3 表に返して休めておいた⑥底編みひもでさらに追いかけ編みを8周し、裏返して⑧差しひもを2本ずつ⑦差しひもの内側の編み目にボンドをつけて差し込む。

4 表に返して⑥底編みひもでさらに追いかけ編みを4周し、ねじり編みを1周編んでボンドでとめる。

5 裏返し、底から出ているひもをすべて内側にゆるやかに立ち上げる。以降、立ち上げたひもをすべて縦ひもとする。

6 ⑨編みひも1本を左横中央の縦ひもの裏側にボンドで貼る。

7 右横まで半周編んだら、もう1本の⑨編みひもを右横中央の1本左隣の縦ひもの裏側に貼る。

8 スタート位置を半周ずらして2本の編み目が互い違いになるように追いかけ編みを編む。途中でひもがなくなったら、つぎ足して編む。

9 追いかけ編みで40段編んだら、それぞれ編み始めの位置で終わりにする。ひもの余分をカットしてボンドで裏側にとめる。

10 P.32を参照して、⑩編みひも3本を左横の縦ひもの裏側にボンドで貼り、縦ひもを1本分ずつずらして出す。

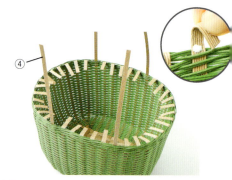

11 3本なわ編みで3段編む。編み終わりはひもの余分をカットし、ボンドで裏側にとめる。

12 側面の編み目を詰めてから、持ち手つけ位置（④縦ひも）以外の残った縦ひもをすべて内側に折り、折り曲げた縦ひもの根元にボンドをつけ、側面の編み目に差し込む。

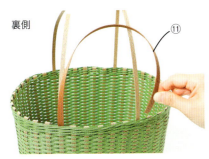

13 ⑪持ち手ひも1本の端にボンドをつけ、④縦ひもの表側の編み目に1.5cm差し込む。

14 ④縦ひもにボンドをつけ、⑪持ち手ひもの裏側に貼る。④縦ひもの端は裏側の中央部で突き合わせにする。

15 もう1本の⑪持ち手ひもにボンドをつけて④縦ひもの裏側の編み目に差し込み、持ち手に沿わせて貼り、3重にする。

16 ⑬持ち手飾りひもの端を持ち手の表側に貼り、⑫巻きひもの端を⑪持ち手ひもの裏側にボンドでとめる（P.56参照）。

17 ⑬持ち手飾りひもの上からすき間なく8.5cm巻いたら、⑬持ち手飾りひもの上と下を交互に1回ずつ巻く。

18 巻き終わりは⑬持ち手飾りひもの上から8.5cm巻く。もう1本の持ち手も同様に作る。

19 コサージュを作る。①花びら1枚のひものへりにボンドをつけ、2枚ずつ突き合わせで貼り合わせる。

20 P.97の実物大型紙を参照し、花びらの形に6枚カットする。

21 ②花心の片面にボンドをつけ、くるくる巻く。

22 ③花心に2本幅ずつ4mmの切り込みを入れ、ペンチで少し反らす。③花心の根元にボンドをつけて、②花心のまわりに貼る。1周貼って余った場合は③花心をカットする。

23 ④葉は2枚をひも端を2mm重ねて貼り合わせ、実物大型紙を参照して葉（大）と葉（中）各1枚にカットする。

24 ⑤花台を2枚ずつ表側と裏側で向きをかえて貼り、10円玉の大きさ（直径約23mm）にカットする。

25 ⑥取りつけひもの角を丸くカットし、⑦結びひもの中央を貼る。

26 ⑤花台に花びら6枚を順に少しずつ重ねて貼る。

27 真ん中に22の花心を貼り、花びらの根元を手で押すようにして花びらを少し反らす。

裏側

28 裏側に葉(大)、(中)をバランスよく貼り、25の取りつけひもを貼る。

29 コサージュのでき上がり。

30 コサージュの取りつけひもをバッグの編み目に通し、裏側で結んでとめる。でき上がり。

16cm 23cm 19cm

しま模様の丸底かご | Photo 26-27ページ

◎**材料** ハマナカエコクラフト
　大 [5m巻] モスグリーン(12) 2巻、[5m巻] グレー(20) 1巻
　中 [5m巻] ベージュ(1) 2巻、[5m巻] 白(2) 1巻
　小 [5m巻] さくら(27) 1巻、[5m巻] 白(2) 1巻
◎**用具** 34ページ参照
◎**でき上がり寸法** 写真参照

◎**用意する幅と本数**(裁ち方図参照)
　指定以外は大 モスグリーン、中 ベージュ、小 さくら

大　中　小

		大		中		小	
①井桁ひも	8本幅	44cm×4本	8本幅	36cm×4本	8本幅	30cm×4本	
②井桁ひも	8本幅	44cm×4本	4本幅	36cm×4本	4本幅	30cm×4本	
③底編みひも	2本幅	330cm×2本	2本幅	200cm×2本	2本幅	300cm×1本	
④編みひも	2本幅	500cm×4本	2本幅	325cm×4本	2本幅	420cm×2本	
		70cm×2本					
⑤編みひも	2本幅	500cm×4本	2本幅	325cm×4本	2本幅	420cm×2本	白
		70cm×2本	グレー グレー		白		
⑥縁ひも	4本幅	56cm×1本	4本幅	45cm×1本	4本幅	37cm×1本	
⑦縁かがりひも	5本幅	140cm×2本	4本幅	200cm×1本	4本幅	180cm×1本	

◎大の裁ち方

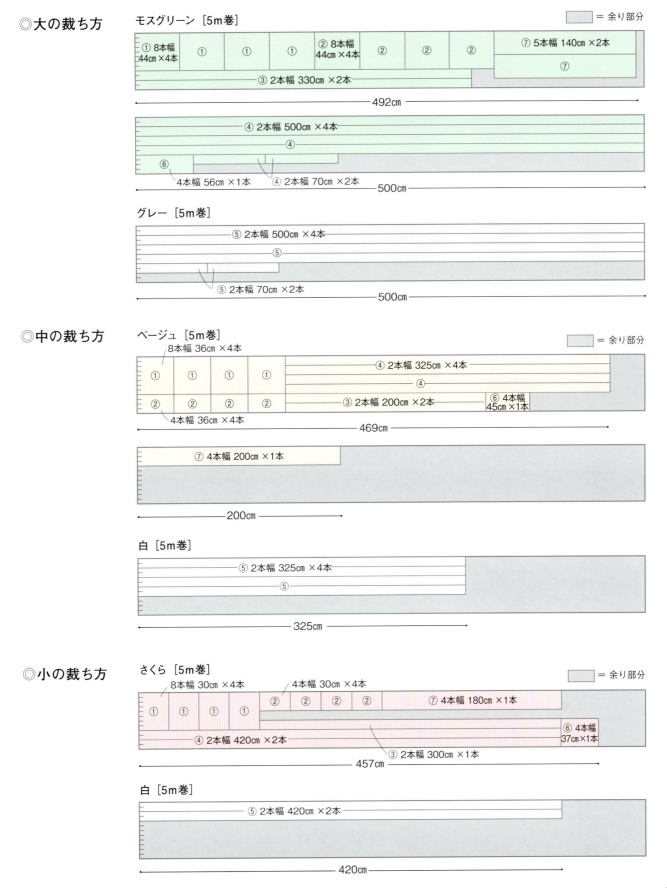

◎中の裁ち方

◎小の裁ち方

※大で解説しています。中と小は指定の長さと本数で同様に作ります。

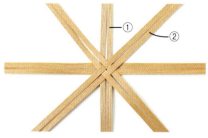

1 P.95の1〜4と同様に、①、②井桁ひもで井桁を作り、中心を合わせて放射状に貼る。

2 ①、②井桁ひもをすべて4本幅にする。大は①、②井桁ひもともに半分に割く。中と小は①井桁ひものみ、半分に割く。

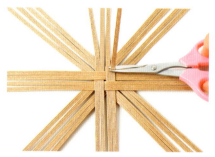

3 全部4本幅にしたら裏返し、①井桁ひもの1本を切り落とし、全部で大は31本、中と小は23本にする。

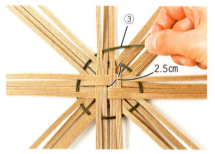

4 ③底編みひもを井桁ひもの裏側（中心から2.5cmのところ）に貼り、井桁ひもに対して表2目、裏2目になるように、1周目は半径2.5cmの円を作るようにしながら編む。

5 2周目からは、前の周の編みひもとの間にすき間ができないように中心方向に目を詰めながら、井桁ひもを徐々に放射状に広げて間隔が均等になるようにして編む。

6 大は15周、中と小は12周編んだら、今度は表1目、裏1目で編んでいく。途中でひもがなくなったら、つぎ足して編む。

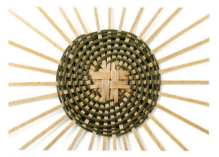

7 表1目、裏1目で大は7周、中は5周、小は2周編んだら、ひもの余分をカットしてボンドで裏側にとめる。この面が表側（底の外側）になる。

8 裏返し、底から出ているひもをすべて内側に折り曲げて立ち上げるが、ひもがやや外側を向くようにする。以降、立ち上げたひもをすべて縦ひもとする。

9 ④編みひも2本、⑤編みひも2本の計4本を③底編みひもの編み終わりに続けるように、縦ひも1本分ずつずらしたところにボンドで貼る。

10 一番左の⑤編みひもを、ひもを出した位置から縦ひも2本とばして次の縦ひも2本にかける。

11 左から2番目の⑤編みひもを、ひもを出した位置から縦ひも2本とばして次の縦ひも2本にかける。

12 左から3番目の④編みひも、一番右の④編みひもの順に、縦ひも2本とばして次の縦ひも2本にかける。

13 4本のひもを動かしたら、10で動かした最初の⑤編みひもを縦ひも2本とばして次の縦ひも2本にかける。同様に4本のひもを順番に縦ひもにかけていく（＝4本なわ編み）。

14 少し編んだところ。かけるときにひもがねじれないように注意する。

15 4本なわ編みで**大**は22段、**中**は17段、**小**は13段編む。途中でひもがなくなったら、つぎ足して編む。

16 編み終わりは、9で一番右に貼った④編みひもで終わりにする。縦ひも2本とばして④編みひもをかごの内側に入れる。

17 残りの④、⑤編みひもも順に1本ずつ、縦ひも2本とばしてかごの内側に入れる。

18 内側に入れた4本のひもを1.5cmずつずらしてカットし、ボンドで裏側に貼る。

19 表側から見たところ。

20 ⑥縁ひもを縦ひもの裏側に洗濯バサミでとめ、縦ひもに対して交互になるように編みながら、縦ひもを⑥縁ひもをくるむように内側、外側に折る。

21 1周したら⑥縁ひもは編み始めと重ねてボンドで貼り合わせる。編み始めと編み終わりのところは、折り曲げる縦ひもの内外が交互にならない。

22 折り曲げた縦ひもの根元にボンドをつけ、編み目に差し込む。

23 P.33を参照し、⑦縁かがりひもで縁かがりをする。

24 でき上がり。

荒関まゆみ　mayumi araseki

横浜市在住。母親の影響で手芸に興味をもち、2001年よりエコクラフト手芸の指導を始め、書籍や雑誌への作品発表、テレビ出演など幅広く活躍中。現在、神奈川県内と都内の3カ所のカルチャーセンターでエコクラフト講座を開講中。完成度の高い仕上がりと、シンプルでセンスの光る作風が人気。わかりやすく丁寧な指導にも定評がある。著者に『編み方いろいろ　エコクラフトのかご』『組み方を楽しむ　エコクラフトのかご作り』『手づくりLesson　はじめてでも作れる　エコクラフトのかご＆バッグ』（朝日新聞出版）、『エコクラフトで作る　まいにちのバッグとかご』（成美堂出版）、『エコクラフトで作る　かごとバッグ総集編』（ブティック社）がある。
ホームページ　http://www5a.biglobe.ne.jp/~hpkoto/

◎Staff

ブックデザイン／平木千草
撮影／下村しのぶ
プロセス撮影／中辻 渉
スタイリング／大原久美子
トレース／白くま工房
作り方協力／チームゆめひも
編集／小出かがり（リトルバード）
編集デスク／朝日新聞出版　生活・文化編集部（森 香織）

◎エコクラフトと用具提供

ハマナカ株式会社
〒616-8585　京都市右京区花園薮ノ下町2番地の3
☎075-463-5151（代表）
http://www.hamanaka.co.jp
info@hamanaka.co.jp

＊この本の作り方についてのお問い合わせは、下記へお願いします。
　リトルバード　☎03-5309-2260
　受付時間／13:00〜17:00（土日・祝日はお休みです）

印刷物のため、作品の色は実物とは多少異なる場合があります。

エコクラフトで編む
暮らしのかごとバッグ

著　者　荒関まゆみ
発行者　橋田真琴
発行所　朝日新聞出版
　　　　〒104-8011　東京都中央区築地5-3-2
　　　　☎(03) 5541-8996（編集）　(03) 5540-7793（販売）
印刷所　図書印刷株式会社

©2018 Mayumi Araseki
Published in Japan by Asahi Shimbun Publications Inc.
ISBN 978-4-02-333210-2

定価はカバーに表示してあります。
落丁・乱丁の場合は弊社業務部（☎03-5540-7800）へご連絡ください。
送料弊社負担にてお取り替えいたします。

本書および本書の付属物を無断で複写、複製（コピー）、引用することは著作権法上での例外を除き禁じられています。また代行業者等の第三者に依頼してスキャンやデジタル化することは、たとえ個人や家庭内の利用であっても一切認められておりません。